AI時代を生きる哲学

ライフケアコーチング
未知なる自分に気づく
12の思考法

北村妃呂恵
Kitamura Hiroe

明石書店

はじめに――9歳の問いからの語りかけ

あなたは9歳の頃のことを覚えていますか？

あなたは9歳の頃、何に興味・関心を持っていたのか覚えていますか？

＊　＊　＊

わたしは9歳の頃に不思議な体験をしました。

この時の不思議な体験が、「生きるとは何か」を追求していく旅にわたしを連れ出してくれたように思います。そして、この旅のプロセスが、今自分が人と関わる対人援助の仕事をしていることに繋がっているのではないか――そんな気がします。

今こうして自分の9歳の体験を語れるようになったのも、長い月日が流れ、自分自身が変わったからだと思います。はじまりは、自分の9歳の不思議な体験を誰にも打ち明けられないということにありました。

わたしは9歳の頃、誰にも打ち明けられない秘密を持つことになってしまったのです。


9歳だったある日のことです。

夜中に突然目が覚めました。怖い夢を見ていたわけではありません。

ぱっと目が覚めたわたしは、お布団の中にいて、あたりはまだ真っ暗でした。

いつもなら夜中に目が覚めても、どこかで居心地の悪さを感じながらいつの間にかふたたび眠りに入り、気がつくと朝を迎えていたでしょう。しかし、その日はどういうわけかなかなか眠りにつくことができずに明け方まで起きていました。


「眠りたいのに眠れない……眠りたいと思っているのになぜ眠れないの？」

「そもそも人はなぜ眠るの？」

「人は眠っている間はどうなっているの？」

「眠っている間と眠っていない間のわたしは、何がどう違うの？」

「眠っている間に見ている夢とは何だろう？」

こんなふうに思いを巡らしているうちに、余計に目が冴えていきました。

9歳のわたしは、さらに自分の内から沸き起こってくる問いに直面していました。


「なぜわたしは生まれてきたのだろう?」

「なぜわたしは死ぬのだろう?」

「わたしがこのまま死んだらどうなるんだろう?」

「わたしが今わたしだと思うわたしって何だろう?」

「わたしが今死んだら、わたしが今わたしだと思うわたしはどうなっちゃうの?」

「わたしが死んだら、今わたしがわたしだと思うわたしは、なくなってしまうの?」


9歳のわたしでは到底答えられない問いが、次から次へと自分の内からわき上がってくるのです。わたしは何が何だかよくわからないまま、逆らうこともせず、一つひとつの問いに真面目に答えようと努力していました。

この体験の中で、わたしは生まれて初めて自分が死ぬということを考えました。いいえ、そんな余裕をもって思考を巡らせていたわけではありません。

今まさに自分の死を突き付けられ、逃げるにも逃げられない切羽詰まった感じ——自分がこのまま死んでしまい、もう二度と誰とも会えなくなるという絶望感をからだ全身に浴びせられたのです。

それは、生まれて初めて知る、何とも耐え難い「怖れ」を伴う体験でした。自分が自分を絶望的に追い詰めた結果、言葉では言い表すことのできないような「怖れ」として、それを自分のからだを通して思い知らされた感じがしました。

9歳のわたしは、この体験は絶対に大人には話してはいけないことだと感じました。「大人を悩ますような、変わった質問をする子だと見られたくない」——そう直観したからです。

＊　＊　＊

こうして9歳のわたしは自分だけの秘密を持ちました。9歳のわたしは、「存在」とか「意識」といった言葉の意味も知りませんでした。後になって、ようやく、この時の問いが、自分の人生を通して問い続けることになる「生と死への問い」である、ということがわかるのですけれども。

ともかくそんなふうにして、9歳のわたしは、「わたしとは何か」という存在への問題意識を持つようになったのです。

その場ですぐには答えを出せないような問いとつき合う日々は、自分を自然と本を読むことに向かわせました。

9歳のわたしの家には明治生まれの読書家の祖母がいて、いつもたくさんの本が身近にありました。そのおかげもあり、秘密を持ったわたしは、本を読み、本の内容に触れることで、現実に生きている世界とはまた違った想像世界に身を置くことができるようになりました。そしてそこでは、自分の心が自由になり、安心できる場所を見つけ出せることを知りました。

本との出会いは、9歳のわたしに知らない世界を開いてくれました。物事を見る目は一つではなく、何通りもあるなんて！　そのたびにわたしは、自分の心が豊かになっていく気がしました。

そのうち、自分の想像力を働かせれば、それは自分を助けてくれる力にもなるという確信が得られるようにもなりました。

わたしは時間と空間を超え、心の中の想像世界を自由自在に飛びまわりました。本を読む時だけは、わたしはわたしでいることができました。

その後、大学で哲学者池田善昭先生から西田哲学を学びました。毎回の講義を全身で語ってくださる池田先生を通して、西田哲学がわたしのからだ全身に染みわたり、9歳から探し求めてきた答えを受け取ったような気持ちになったのです。

……今もまだ、9歳の問いは続いています。こうした一連のプロセスの中で、わたしが学び体験したことが、現在の対人援助の仕事に繋がっています。

＊　＊　＊

この本は、次のような人に向けて書きました。

・よりよく生きるには何を知り、どうすればよいかを求めている人。
・自分や周囲の人が幸せになるには何を知り、どうすればよいかを求めている人。

・今の状態・状況を少しでもよくすることに興味・関心のある人。
・いつも心の中が不安で落ち着かず、不満や愚痴を言うのがやめられない人。
・からだが重い、だるい、しんどいと感じ、からだと心がバラバラで自分が自分と繋がっていないような感覚を持っている人。
・自分が周りの人と繋がることができていない感覚があり、そこから抜け出たい人。
・今の自分をよりよく変えたい人。

この本が誰かの一助になることを、心から願っています。

目次

第二章　ライフケアコーチング　12の実践法

第三章　ライフケアコーチングの実践事例

序章　9歳の問いの答えを探して

1 「9歳の問い」からわかったこと

二種類の問い

9歳の時、心に浮かんだ「わたしとは何か」という問いからわかったことがありました。問いには二種類がある、ということです。

一つ目は、「今すぐに明確な答えが出せる問い」。
二つ目は、「今すぐに明確な答えが出せない問い」。

わたしの9歳の問いは、二つ目の「今すぐに明確な答えが出せない問い」でした。このことについて今から少し考えていきたいと思います。

わたしの9歳の問いは、大きく分けて次の三つでした。

①「わたしがわたしだと思うわたしとは何か？」
②「なぜわたしは生まれてきたのか？」
③「わたしが死んだらどうなるのか？」

この三つの問いには、正解か不正解か、「正しい」か「正しくない」かでは答えることができません。あるいは、仮に答えがあるとしても、それはすぐには、そして明確には導き出すことができないでしょう。このような問いが、「今すぐに明確な答えが出せない問い」ということになります。

わたしは自分の9歳の問いと向き合う中で、世の中には「今すぐに明確な答えが出せない問い」というものがある、ということがわかりました。このことは大変重要なので、もう少し詳しくお伝えしてみましょう。

家庭や学校教育での問い

わたしたちが教育を受けるのは、家庭、学校、社会においてです。就学前は、多くの場合、子どもは生まれ育った家庭で物事のあれこれを親や家族から教わって、いろいろなことを吸収し身につけ成長していきます。家庭内では、何かにつけて親は子どもに大きな影響を与える存在です。

子どもは、親の話す言葉や行動、考え方やものの見方に影響されながら人間形成していきます。どの家庭でも、親の「正しい」／「正しくない」といった判断基準が、子どもの行動をある程度決めてしまうのは、当然と言えるでしょう。

親が子どもに何かを教える時、たいていはあらかじめ親が正しいと考える答えが用意されていて、それに当てはまらない答えは「正しくない」ことになります。親の「正しい」／「正しくない」といった判断基準の開示が家庭内で繰り返され、子どもは知らず知らずのうちに親の基準を自分のものの見方においても参照するようになります。

成長し、ある年齢になると、子どもは小学校に入ります。学校での教育は、子どもが知識を得てその内容を理解することを重視しています。たくさんの知識を学んで習得した生徒が高い評価を得、理解した知識のレベル、蓄積量、暗記の量がその後の進路さえも決めていきます。

つまり、学校は、あらかじめ答えが決まっている問いに対して、正しいか正しくないか、よいかよくないか、合っているか合っていないか、○か×か、で答えを出す訓練をするところなのです。

多くの人は、物心ついた時からこうした問いの立て方に慣れてしまっています。あらかじめ答えが決まっている問いに対して、その答えを出していくことを家庭や学校、職場などで要請される場合もあるでしょう。この時現れる問いというのは、すべて「今すぐに明確な答えが出せる問い」です。

人間の生死に関する問い

一方、9歳のわたしの問いは「人間の生と死に関する問い」でした。こうした問いには、大人であってもそう簡単には答えることができないでしょう。9歳のわたしは、幸運にも、自分の中からわいてきたこれらの難題が、家庭や学校で出会う問いとは別の種類の問い、「今すぐに明確な答えが出せない問い」であると気づくことができました。

このことに気づけるのと気づけないのとでは、実は大きな差があります。

「今すぐに明確な答えが出せない問い」があるということを知ることで、そうした問いに遭遇したときに答えが出せないことで自分を責めたり追い詰めたりすることがなくなります。誰かに質問されてすぐに明確な答えが出せないとしても、(それは明確な答えがすぐに出せない問いなのだから) 卑屈になったり自分を否定的にとらえたりする必要がそもそもありません。

また、この問いに対して腰を据えてじっくり向き合う心の準備ができると、人生において起きてくる様々な問題に対しても、焦らずゆったり構え自分で解いていこうとする力が鍛えられていきます。

「9歳の問い」にどう向き合うか

問いに向き合う心構え

さて、「今すぐに明確な答えが出せない問い」があなたの前に突然やってきたとしましょう。あなたなら、どうしますか？

問いに向き合う心構えができていると、（自分の意識の深いところから）自分を超えた何か大きな力が動き始めるようになります。心構えができるまでには、相当の時間を要するかもしれません。しかし時間はかかっても、まず、自分が自分と対峙するという覚悟を持つことが大切です。次に大切なことは、今すぐに答えの出ない問いを目の前にして、対処法がわからず投げ出してしまいそうになったとしても、何とか自分の力で踏ん張ってみること。自分の内側に閉じこもらず、外に向かって開かれているという思いを持ち続けて、問題を考え続けることです。

諦めずに「今すぐに明確な答えが出せない問い」と向き合い、そのことを考え続けていると、求めたい答えの本質に自分が少しずつ近づいていきます。そして本質に近づくにつれ、自分自身も安心し、納得できるようになります。

こうしたトレーニングを重ねると、自分が心から納得し確信する答えを自分で引き出していく力が鍛えられます。

自分の問題は今すぐに答えが出せない問いだと自覚する

わたしのもとに相談に来られるクライアントの方の多くは、世の中には「今すぐに明確な答えが出せない問い」があるということを忘れてしまっているように感じます。その方たちは、人間関係の中で起こる問題や自分の心の中で生じている葛藤を「今すぐに明確な答えが出せる問い」と捉えていて、こちらは正しい、あちらは正しくない、というようにすぐに判断を下そうとしているように見受けられるのです。問題や葛藤に対して、正解／不正解といった一定の枠の中に問いそのものを押し込んでしまい、迷宮から抜け出せない自分にも無自覚になっているようです。

わたしの９歳の問いのように、人間関係や自分自身の生き方の根本に関する問いの多くは、実は「今すぐに明確な答えが出せない問い」なのです。しかし、世の中の多くの人は、それが「今すぐに明確な答えが出せない問い」であることがわからず、そうした問題に、正しい／正しくない、で答えを出そうとしているように見えます。

今すぐに答えられない問題に対して、今すぐに正解（解決策）を得ようとするから心が苦しくなるのです。正しい／正しくないのどちらの枠にも入らないものを、強引にどちらかの枠の中に入れようとするから、心が迷って閉じこもりがちになり、自己（からだと心）が分離され、壊れていくのです。

からだと心がバランスを失うと、からだが重く、しんどく、だるいと感じるようになり、思考がまわらなくなります。思考が停止して悪循環に陥り、その状態から自分が抜け出せなくなってしまいます。極端な場合には、自分の感情に振り回され、自分をコントロールできなくなることさえあります。

精神が攻撃的、あるいは鬱的状態になると、自分を正常に保てなくなり、日常生活を送るのさえ、困難になってしまいます。

人間関係の中で起きる問題や自分に生じている葛藤は、注意深く考えれば、誰にでも「今すぐに明確な答えが出せない問い」であると気づけるようになります。生きていく上では誰にでも「今すぐに明確な答えが出せない問い」があると思います。このことを自覚することが、個人の問題解決に必ず繋がっていきます。この自覚が、容赦なくやってくる不測の事態に際して思考停止にならず、自己と上手く折り合いをつけながら解決していく道を見出していくときの支えとなってくれるのです。

まずは自分の問題がどの種類の問いであるのか、気づくことから始めましょう。

スッキリしない自分を受け止める

自分が抱えている問題が「今すぐに明確な答えが出せない問い」であることに気づいたら、次は、その問題に対して、正しい／正しくない、よい／よくない、と強引に判断せず、自分を取りあえず納得させようとしないことが大切です。スッキリしない部分があっても強引に頭でスッキリさせようとするから、からだに無理が生じてくるのです。

スッキリしない自分を責めたり、スッキリしないのは誰かのせいだと犯人捜しを始めたりする方もいますが、そうするのも、自分がスッキリするのがよいことで、スッキリしないのはよくないことだと考えているからでしょう。

そもそも人間は、何か問題が生じた時、いつでも、はっきり、スッキリ、サクッと明確に答えられているわけではありません。たとえば「なぜ人は生きるのか」という問題を考えてみた時、多くの人がすぐに「こうだ」と断言できる明確な答えを出せないことは、明らかでしょう。人間とは、モヤモヤを抱えている存在と言ってもいいかもしれません。世の中の人は、他人にはどんなにスッキリしたように見えていても、内面では、実はスッキリしない問いを抱えているかもしれません。とても不思議な存在なわけですが、そのことは（他人から見た）自分についても当てはまります。

スッキリしない自分も自分の一部分だと認め、受け止め、引き受け、納得することです。もちろん、「今すぐに明確な答えが出せない問い」に対して、答えを出すことを諦めなさいと言っているわけではありません。

わたしたち人間は、出自や身分、社会的地位などに関係なく、生まれてきたら必ず死にます。このことは普遍的な真理です。しかし、なぜそうなっているのかには明確な答えがありません。人生の謎には、一生スッキリしないまま付き合っていくしかありません。同じように、たとえ日常の中にスッキリしない問いがあったとしても、しばらく付き合っていく問いとして引き受けると、気持ちが楽になり、人生を明るく前向きに考えられるようになります。

Ⅲ　「9歳の問い」にわたしはどう向き合ったか

答えは必ず自分の力で見つけ出す

わたし自身の体験に少し話を戻します。

わたしは、9歳で「今すぐに明確な答えが出せない問い」と否応なく付き合わざるを得なくなってしまいました。9歳のわたしは知識も浅く、問いを別の何かと比較したり、分析・判断したりできるだけの材料の持ち合わせもありませんでした。あったのは、わたしがどう感じ、どう思い、どう考えるかという自分の感覚だけ。わたしは自分の感覚を問いに向き合っていく唯一の拠りどころとしていました。

今振り返れば、そのことが功を奏したのではないかと思います。

9歳のわたしは、「今すぐに明確な答えが出せない問い」を抱え、それを誰にも打ち明けられないといった状況にありました。

その時、わたしはどうしたと思いますか？

わたしは、まず、死ぬまでこの問いと付き合っていくんだと覚悟を決めました。覚悟という言葉を使うと、とても潔い感じがしますが、実際はそんなに恰好のよいものではありません。当時のわたしは、このことを誰にも打ち明けられず、逃げるにも逃げられず、二進も三進もいかず、どうしたらよいのかなす術もなく、絶体絶命の状況の中で「覚悟」せざるを得なかっただけなのです。

そう覚悟を決めたわたしは、自分の「今すぐに明確な答えが出せない問い」が、正解がないかもしれない問いであるとわかりました。

わたしは、たとえ正解はないとしても、すぐにはスッキリさせられなくても、自分なりの答えを必ず自分の力で考えて見つけ出そう、と二つ目の覚悟を決めました。そうすることが、自分には最も良いアイデアだと直観したのです。

「覚悟」を決めたからといって「今すぐに明確な答えが出せない問い」の答えがすぐに見つかるわけではありませんが、「今すぐに明確な答えが出せない問い」と向き合う覚悟をしたからこそ次に進めたのです。一つひとつの問いに対して意識的に立ち向かっていく、行動に移すための覚悟が大切なのです。

9歳のわたしは、正解がないかもしれない問いから逃げずに、何とかして自ら納得する答えを導き出そうと、自分の意志の力を使いました。

そのことが、混沌から抜け出す道へと繋がっていったのです。

Ⅳ 「９歳の問い」から哲学の道へ

「この世は仮の宿」

９歳の問いに向き合って、わたしは、世の中には「今すぐに明確な答えが出せない問い」があることに気づき、この問いと一生付き合っていくことを覚悟するに至りました。

その次に、わたしはある行動に出ました。

本にその答えを求めたのです。

なぜそのような行動をとったのか。――わたしの問いは誰にも聞けないものだと本能的にわかったので、それならば、さてどうしたものかと考えたのです。思い浮かんだのが、明治生まれの祖母のことでした。

祖母は毎夜、寝る前に電気スタンドの明かりで本を読んでいました。物心ついた時から、わたしは祖母のことを本を読むのが好きな人として理解していました。

ある時、９歳のわたしは祖母に質問しました。

「なぜ本を読むの？」

「面白いからよ」

わたしは再び質問しました。

「なぜ本は面白いの？」

「この世は仮の宿だから、本を読んで色んなことを知っておく必要があるの」

9歳のわたしには、祖母が語った「この世は仮の宿」という言葉だけが大きく残りました。その言葉が自分が抱えていた誰にも聞けない問いの答えに近いと感じたのです。

哲学との出会い

次の日から、わたしは家にある本を片っ端から読み始めました。最後まで読み切った本はほとんどありません。

当時のわたしは、誰にも聞けない問いの答えを探し求めていたからこそ、感覚的に違うと感じれば、すぐにその本を読むのをやめて、次の本に移っていきました。わたしは本を、頭であれこれ判断して読んだのではなく、自分の心とからだが受けつけるかどうか、自分の感覚を頼りに読んでいったのです。

わたしはこれを繰り返し続け、ある時、ヘルマン・ヘッセの著書の中に「哲学」という言葉を見つけました。

それは哲学の概念だよ。他に言い表しようがないんだ。わたしたちアリストテレスおよび聖トマスの徒にとっては、完全な存在というのが、あらゆる概念のうち最高のものなんだ。ところで完全な存在というのは神だ。存在する他のものはすべて、半分の存在、部分的な存在であり、生成しつつあるもので、いろんな要素の混合物で、多くの可能性からできているのだ。神は混合物ではなく、一であり、可能性はもっておらず、まったくの実在なのだ。ところが、わたしたちはうつろいゆくものであり、生成していくものであり、私たちにとって、完全性とか完全な存在とかいうものはない。しかし、わたしたちが潜在力から行為へ、可能性から現実へと進んでいくとき、部分的には真の存在に加わり、完全なもの、神的なものに一段ずつ似てくるのだ。これがつまり自己を実現することだよ。（ヘルマン・ヘッセ「聖母の泉」――『世界の文学37』山下肇訳、中央公論社、一九六三年、五三九頁～五四〇頁）

中学生になったばかりのわたしに「哲学」の意味はよくわかりませんでしたが、この時も「哲学」という言葉が、わたしの9歳の問いへの答えのヒントになると感じたのです。

中学生のわたしは、自分の内側から突き動かされるようにして、今度は哲学の本を探し求めるようになりました。そして、高校生の時に一冊の本に出会うことになります。その本が、9歳の問いから始まった果てしなく続く探究の旅に大きな示唆を与えてくれることになるのです。

タイトルは『哲学への道』。

同書の中に、わたしに大きな示唆を与えてくれた文章があります。

哲学は哲学することであり、この哲学することは、人生の深い自覚から、すなわち人生することから生まれるのである。（片山正直、岩井義人『哲学への道』、和広出版、一九七七年、七頁）

また、次の文章も、私に大きな勇気を与えてくれました。

哲学への道は、まことに人生に通ずる。ひとりひとりの人生の出発点において、その人生を定義することはできない。よしや定義してみても、それは無意味であり無役であろう。それによって自己の人生の見通しを立てることは不可能である。一人一人が人として生きて、自己の人生を切り開き、これを真実なものとして確立するよりほかはない。人生とは、自らが真に人として生き、自覚し確立すべきことである。なるほど、既にさまざまな人生訓があり、さらに原理的な見解や主張がある。しかしそれらの意味内容は、人がさまざまな状況と戦いながら人生に徹するときに、真に味解されるであろう。そのときまた自分なりの人生論も生まれるであろう。いうなれば人生することによって、人生が分かるのである。（前掲書、七頁）

哲学との出会いによって、わたしは、自分の9歳の問いと一生付き合っていく上での最強の味方を得たと確信しました。

こうして、9歳の問いから始まった「今すぐに明確な答えが出せない問い」に向き合うプロセスの中で、わたしは哲学の世界へと招待されていったのです。

＊　＊　＊

古代ギリシアの哲学者タレスから日本の哲学者西田幾多郎まで、西洋思想、東洋思想、仏教思想、文学、教育学、心理学の理論を独自に読み解き、わたし自身の体験や経験、実践で得た知見を統合し、人がよりよく生きるための対人援助実践法として考案したのが、「ライフケアコーチング」です。

第一章　ライフケアコーチングの基礎

Ⅰ　ライフケアコーチングとは何か

1　名称

「ライフ（life）」には、生命、いのち、この世に生きること、一生、生涯、人生、生活、生き方、活気などの意味があります。「ケア（care）」は、動詞で気づかう、世話をする、関心があるなど、名詞で心遣い、配慮、世話などの意味があります。「コーチング（coaching）」とは、対話によって相手の潜在能力に働きかけ、相手が主体的に自らの可能性を引き出し、目標達成、自己の意志実現をサポートしていくことです。

わたしが考案した対人援助法は、個人の人生全体と関わって、その人および周囲の人の生活に働きかけることを重視しているため、ライフ（life）を前に置き、「ライフケアコーチング」と呼んでいます。

2　目的と対象

〈目的〉

ライフケアコーチングでは、仕事、家庭、人間関係の中で問題を抱えている個人に、対話を中心に関わることで、その人が、これまでの考え方や行動を主体的に変え、生活全体とのバランスを取りながら、調和的に人生を過ごせるようになることを目的としています。個人だけではなく、（家族、同僚など）周囲の方々も含めて、その状態・状況が改善していくためのサポートを行います。

〈対象〉

ライフケアコーチングは、次のような方々を対象としています。

①何らかの問題を抱え、精神的にも身体的にも普通に社会生活を送るのが困難になっている人。

②よりよく生きるには何を知りどうすればよいか、自分や周囲の人が幸せになるには何を知りどうすればよいか、今の状態・状況を少しでもよくするにはどうすればよいか、悩んでいる人。

③慢性的な不安や不満、閉塞感がある人。からだが重い、だるい、しんどいと感じ、からだと心がバラバラで自分が自分と繋がっていないような感覚を持っている人。

④自分が周りの人と繋がることができていない感覚があり、そこから抜け出たいと考えている人。今の自分をよりよく変えたい、楽になりたい、今の状態を何とかよくしたいと考えている人。

なお、対象になると思われる当人が今よりよく変わりたい、何とかしたい、変えたいという意志を持っていない場合、こちらがいくら働きかけてもライフケアコーチングは機能することはありません。その人の変わりたいという意志がコーチと共有できてはじめて、ライフケアコーチングの扉が開くことになります。
相談者本人に、よくなりたい、変わりたいという意志があることは絶対条件です。

3　援助の方法

ライフケアコーチングでは、個人の問題解決を目指すところから出発して、個人の自己実現をサポートしていきますが、そのプロセスの中では、結果的に個人だけがよくなればよしとするのではなく、個人が関わっている場所全体が調和的によくなっていくことを追求します。

これは、ライフケアコーチングが単なるハウツー（how-to）、つまり実用的な方法や手法、技法ではなく、ベースに思想を据えていることを意味します（後述）。

無意識の部分への働きかけ

　ライフケアコーチングは、自分が置かれている否定的な状態や状況をよりよく変えたいと思っているが、何を変えていけばいいのかわからずに悩んでいるクライアント、またはどのように変えていけばいいのかわからず悩んでいるクライアントに対して、こちらから質問していく方法をとります。コーチは質問を通して、クライアント本人が気づいていない無意識の部分に気づいてもらうよう働きかけます。

　クライアントは、コーチとのライフケアコーチング（以下、セッションともいう）を通して、自分がそれまで気づいていなかった部分に気づき始めます。セッションを重ねるうちに、クライアントは、無意識に行っていたネガティブなものの捉え方やものの見方、考え方を改めていくようになります。

　数回のセッションを経て、クライアントが自分では気づけないまま抱えていた重荷のようなものを減らすことができると、クライアントは主体的に自らの可能性を引き出し、自己実現に向かえるようになります。

4　ベースにある思想

これら一連のプロセスをサポートしていく技術・技法がライフケアコーチングであり、そのベースには哲学・思想があります。

西田哲学との出会い

対人援助の仕事に携わるようになってから、超えられない壁が何度もわたしの目の前に立ちはだかりました。その壁の前で、わたしは必死になって考えました。どれだけ考えても簡単には答えを導き出すことはできませんでしたが、それでも諦めずに、わたしは自分の問いを問い続けました。

気の遠くなるような時間が経ったある日、自分の身の丈を遥かに超えたように思われる西田哲学に出会いました。西田哲学は、哲学の専門家にも難解とされる哲学ですが、自分の感覚が、西田哲学を学べば、答えのない問いの答えに近づけると反応したのです。

わかる、わからない以前に、なぜか西田哲学に惹かれ、ここに自分の探し求めてきた何かがあるのかもしれないと感じられたのです。言葉に表すことのできない、自分が癒され、救われていくといった感覚――。あえて言葉にしてみると、西田哲学が一つの人格を持っているかのようでした。

わたしは西田の論文を読み進めながら、自分との対話を始めます。対話を通して、時にわたしは立ち止まり、心を静めます。あるいは諭され、時には勇気づけられもします。細胞が活性化していくのを感じます。

一方で、知らない、わからないということが、どれだけ自分を内側に閉じ込め、不安に陥らせ、雁字搦めにし、自分を苦しめていたのかを思い知らされることにもなりました。

そうした格闘を経て、非常に難解な西田哲学が、わたしの目の前に立ちはだかっていた壁を超えるための示唆を与えてくれるものとなりました。

人生への深い自覚

ライフケアコーチングの主軸には、序章で紹介した『哲学への道』の一節、「哲学は哲学することであり、この哲学することは、人生の深い自覚から、すなわち人生することから生まれるのである」といった考え方があります（↓30ページ参照）。人生を深く自覚すると、自分の人生は自分が責任を持って生きていくしかないということが見えてきます。

ただ、自分の人生を自分で引き受け自分の責任で生きていくと言っても、人生は自分の思うように運ぶものではありません。頑張って生きようとしても、思うように運ばないどころか、理不尽なことや不測の事態に見舞われてしまうことも少なくありません。よくないことはできるだけ起きないでほしいと望んでも、そうした出来事は容赦なくやってくるというのは、読者の皆さんも実感されるところではないでしょうか。人生楽もあれば、苦もあるのです。

「自分だけが人生不幸のオンパレードだ」というように語る人もいますが、普通に生きていれば、人間誰しも、まさか自分にこんなことが起きるなんて思いもしなかった、というような辛い経験をしたことが少なからずあるものでしょう。つまり、人生とは、自分だけで成り立っているわけではありません。私たちはそういう経験から、自分さえよければ自分以外はどうなってもよいという考え方では自分の人生をも全うできないということを思い知らされてもいるはずです。

人と出会い、人と繋がり、人との関係性を築いていく中では、不用意な言葉で相手を傷つけてしまうことや自分が傷つく辛い経験をすることもあるでしょう。望みもしない辛い経験が続いて自分が嫌になり、人生や生を恨みたくなる時もあるかもしれません。

逆に、誰かに救われたり、助けられたり、守られて、他者のありがたさを感じずにはいられないといった尊い経験をしたこともきっとあるでしょう。誰かの為に役に立ち、そのことが喜ばれて相手と喜びをともに分かち合い、心が癒され満たされるといった経験もあるでしょう。いろいろな経験を通して、自分は自分以外にも開かれている存在なのだ、と自覚できるようになるのです。

わたしは自身の自覚の体験と並行して、さらに、自分と同じような思いを経験し、人生を超えてきた先達の教えを求めてもいきました。

心の拠りどころとなる思想を持つ

わたしは、求め続けていたものが西田幾多郎の哲学・思想にあると感じました。西田の論文を読み解きながら、何となくですが、救われていくことを肌で感じていたからです。

そして、西田哲学から自分が得たものを、自分と同じように辛い状況・状態にある人たちにも伝えていきたいと思い、西田哲学の応用として、対人援助に有効な方法を追究していきました。

前述の通り、ライフケアコーチングは、クライアント本人が主体的に今までの考え方や行動を変え、自己実現をしていくことだけでなく、個人が関わる場所全体が調和的によくなることを求めます。これはベースに思想があるからです。ベースに思想があるというのは、「心の拠りどころがある」と言い換えてもいいでしょう。

どんなに悩み、どんなに心が揺れることがあっても、元に戻れる場所があるということ。立ち戻れる場所が一人ひとりの心の中にあるということ。――自分の心の中に、いつでも立ち戻れる安心・安全な場所があると思えることが、生きていく上で大変重要だとわたしは考えています。

わたしは、一人ひとりが心の中にそうした思想を持つことが、個人と全体の調和的な融合をはかるうえで最も重要だと考えているのですが、残念なことに、「ライフケアコーチングに思想があり、その中には哲学がある」とお伝えするだけで、頭から聞く耳を持たない人、あからさまな拒否反応を示す人もいます。

これは、哲学のイメージが一般的にはあまりよくないことが影響しているかもしれません。あるいは、日常生活には必要のない学問として遠ざけられているということもあるかもしれません。哲学書の多くが実際に難解だということもあるかもしれません。

しかし、哲学には、人を元気にしたり、楽にしたりする力もあるのです。ましてや、わたしが学びとったように、人の役に立つ、対人援助の実践に有効なエッセンスが、あちこちに散りばめられてもいるのです。

どうか、哲学に対するマイナスイメージを一旦脇に置いて、知らないことを知りたいと思う知的好奇心を大切に、以下、読み進めてくだされば幸いです。

II　前提となる考え方

1　知識は一つではない

ライフケアコーチングの基礎理論に進む前に、あらかじめ知っておいて頂きたい考え方があります。

一つ目は「知識は一つではない」という考え方です。

知識とは、一般に一つのものであると認識されているように思います。そして、知識というと、多くの方が科学的知識のようなものを思い浮べるのではないでしょうか。

わたしが出会った西田哲学は、私たちが小学校から大学、大学院までの学校教育で学ぶ科学的知識の範囲を遥かに超えた内容を扱っているものでした。科学的知識では捉えきれない知というものが確かに存在しているのです。

序章で紹介した『哲学への道』には、知識には四つの知識があると述べられています。

感性知、常識または経験知、科学的知識、知慧ないし自覚知の四つである。改めていえば、科学的知識だけが知なのではない。人間は科学的知識だけに依拠して生きているのではない。知の世界は広い。そしてこれら四つの知は相互に密接に連関しているが、それぞれに独立している。独立しているということは、四つの知がそれぞれの仕方において真であること、妥当な発言権を有っているということである。いかに科学的知識が正確であり厳密であるとしても、他の三つの知をその支配の下に従属させることはできない。感性知すらそうであることは、先に一言した通りである。いずれにしても、四つの知はそれぞれに真（真理、真実）であり、また真であるがゆえにそれぞれ知なのである。（片山正直、岩井義人『哲学への道』和広出版、一九七七年、四九頁）

ここで、ライフケアコーチングは西田幾多郎の哲学理論がベースにあるということをあらためて思い出してください。西田哲学では、科学的知識以外の知があると論じています。そのうち特に重要なのが、直観、自覚知です。

ライフケアコーチングは対話を通してクライアントの潜在能力に働きかけ、クライアントが自己の意志を実現していくのをサポートします。ここでの潜在能力とは、クライアント本人が相談時点では気づいていない感覚知、経験知、感性知、知慧、直観、自覚知のことをいいます。

２　意識・無意識

二つ目は、「意識と無意識」についての考え方です。

わたしたちが抱いている意識についての捉え方や考え方を一旦脇に置いて、この本でお伝えしていく内容を理解して頂きたいと思います。人が自分の人生を幸せな方へ変えていくのも、不幸せな方へと変えていくのも、意識についての理解が肝心だからです。

「意識」「無意識」という言葉を私たちはどれだけ理解しているでしょうか。

一般に理解されているのは、「意識」とは気づいていること、気を向けていること、注意を向けていること、今していることを自分が認識していること、などでしょう。

一方、「無意識」は、気づいていないこと、気を向けていないこと、注意を向けていないこと、今していることを自分が認識していないこと、でしょう。

また意識（の状態）は、大きく「意識」と「無意識」の二つに分けられるという理解も一般的でしょう。気づいていることが「意識」で、気づいていないことが「無意識」というように。

しかし、この二つでしか意識の状態を捉えられないと思い込んでいるとすれば、「ある」（気づいている）に対して、「ない」（気づいていない）というように、相対でしか、ものごとを捉えることができなくなっていることを意味します。

意識の状態は、意識と無意識のように相対的に捉えることはできないということは、仏教が教えてくれるところでもあります。詳しくは仏教思想の項で説明しますが、ここでは、意識の状態は意識と無意識の二つに必ずしも分けられるものではない、ということを覚えておいてください。

3　習慣を変える

三つ目は、習慣についてです。

このままではダメだと思っていても、簡単に変えられないのがよくない習慣です。例えば、出した物を元の場所に戻せず、気づくとそこらじゅうに物が散らかり、たまっていくという人がいます。ついつい余計なひと言をいってしまい、人間関係を悪化させ大事なものを失ってしまう人がいます。ちょっとした些細なことですぐにイライラしてしまい、常に何かに対して怒り、他人を責めるのをやめられないという人もいます。

ネガティブな行動・言葉・思考が習慣になると、なかなか本人自身では気づけません。本人が気づくのは、誰かにそのことを指摘されたりする場合です。本人に周りに迷惑をかけているとの自覚があれば、助けを求めるようにもなるでしょう。

周囲に助けを求める人は、精神的にも身体的にもよくない側に自分がいるという自覚があります。しかし、それまでのネガティブな行動・言葉・思考の習慣は、決心したからといって簡単に変えられるものではありません。長年の習慣を変えるには、それが習慣になっていったのと同じだけの途方もない時間を費やしてでも変えるという強い覚悟が必要です。

覚悟ができたからといって、思うようにはいきません。よくない習慣は、無意識に起因するからです。頭では意識と無意識について理解できたと思っても、無意識になされる部分は、そう簡単に自分でコントロールすることができないのです。

ここでは、よくない習慣を変えるには、相当な覚悟が必要であるということを頭に入れておいてください。

Ⅲ　ライフケアコーチングの基礎理論

１　西田哲学

西田哲学の応用・実践

ライフケアコーチングの基礎的な理論になっているのは、西田幾多郎の哲学理論です。

わたしは、これまでに西田哲学を独自に紐解き応用・実践することで、クライアントの方が望まれるよい結果を導き出すことができました。

本書では西田哲学の用語についての説明・解説は極力控えることにします。ライフケアコーチングにおいては、哲学理論を実践することに意義があり、そうした実践を積み重ね、経験を積み重ねていくことでしか、西田哲学を真に体得し理解することはできないと考えているからです。

そもそも西田哲学に登場する用語は、容易には理解することができません。一般に使われている言葉でも、西田哲学で使われるときには、全く逆の意味を持つ場合さえあります。ただ、それでも西田哲学には、人間本来の存在そのもののあり方を知る術があり、今の自分の状態をより活性化してくれるエッセンスが確実にあります。そして何より、悩みを抱える人が直面している問題を取り巻く状況そのものを変えていく力があります。

こう言い切れるのは、実際にわたしが関わったクライアントの方々が、この実践によってネガティブな状態・状況から抜け出され、自己意志の実現をされているからです。

西田哲学を実践・応用するといっても、理解するのは頭です。とはいえ、頭ばかりを優先し、からだのことを忘れると、悪循環の思考に陥っていることさえ気づかず、そこから抜け出そうとしてもなかなか抜け出せないということになってしまいます。西田哲学は、そうした状態から自分を救い出すためのヒントも与えてくれています。

身体の自覚

ライフケアコーチングのベースにある理論は、西田哲学です。その核となる思想が、次の文章に見事に表されています。

> 私と云ふものがなければ私の身体と云ふものはない。身体は誰かの身体でなければならない。誰の身体でもない身体と云ふのは身体でもない。然らばと云つて、身体と云ふものなくして私と云ふものはない。身体なき自己は幽霊に過ぎない。そこには生命はない。我々の自己は身体的に自覚するのである。私が私を考えると云ふことも、身体なくして意識もないと考へられるかぎり、それも身体的事実でなければならない。（西田幾多郎「生命」――『西田幾多郎全集』第十巻、岩波書店、二〇〇四年、二三五頁）

ライフケアコーチングでは、コーチはクライアントの意識／無意識に働きかけるものですが、ここで改めて、西田が「身体なくして意識もない」としている点が重要です。意識的な側面にのみ焦点を当てると、それは想像上の変化にしかならないからです。想像上の変化を実際に起こすためは、身体ある自己への自覚が大切になるのです。

西田は、次のようにも言っています。

> 自己なくして身体と云ふものなく、身体なくして自己と云ふものはない。身体なき自己と云ふのは、単に考へられたものに過ぎない、考へる自己ではない。（前掲書、二四四頁）

西田は、わたしたち一人ひとりが、身体を忘れないことの重要性を説いているのです。身体があって感じることや思うことがある、身体あっての自分である、そういう自覚こそが大切だと繰り返し伝えています。

ライフケアコーチングでは、身（身体・行動）、口（言葉・言語）、意（心・精神）を整えていくということを重視しています。とくに頭で考えていることと、お腹の中で思っていること、話していることがバラバラな人は、身体の自覚を持てなければ、それまでの自分のよくない言動パターンから抜け出すことができず、身体の重要性への理解も深まってはいきません。

まずは己の身体の自覚が重要です。身体あるわたしが、感じ、考え、思い、行動していくという自覚です。

己の身体への自覚が持てると、西田哲学の意識についての考え方に進むことができるようになります。

西田哲学は意識／無意識をどう考えるか

西田は、こう言っています。

> 物体が意識を生ずるのではなく意識が物体を作るのである。（西田幾多郎「善の研究」――『西田幾多郎全集』第一巻、岩波書店、二〇〇三年、八九頁）

普通は、自己の意識の中に身体があると考えることは難しいと思います。クライアントの方に、右の西田の文章を紹介すると、十中八九、「日本語としては理解できても、何を言っているのかさっぱりわからない」といった反応が返ってきます。

わたしは、西田幾多郎は、意識についての認識を変えることの重要性を説いているのだと思います。意識／無意識についての普通の考え方を変更することを西田は私たちに要請しているのです。そうしなければ、意識の本質や意識体系を理解することはできないからです。

西田はさらにこうも言っています。

我々の感覚の底に含まれて居る無限なものは、永遠の過去から永遠の未来に亙つて動きつつあるものである。（西田幾多郎「働くものから見るものへ」――『西田幾多郎全集』第三巻、岩波書店、二〇〇三年、二七八頁）

永遠の過去から永遠の未来へと動き続けているあるものは、目に見えません。しかし、誰もがわたしたちの意識の根底に動き続けているあるものを無自覚に享受しているのです。

ここで大切なのは、わたしたちには認識できないだけで、永遠の過去から永遠の未来に亙って常に動いている何かがあるということです。

無意識の領域は、確かにわたしたちの目には見えませんが、絶対にあって休むことなく、途切れることなく動き続けています。つまり、自分では気づいていない無意識の領域が、今の自分の身体、言葉、感情、思考、行動に影響を与え続けている、ということです。

自分の意志実現を可能にするには、どうしても、このことに気づくことが必要です。

大なる意識体系

知らないということは、自分を不安にさせます。不安というのは、知らない、わからないという気持ちからやって来ます。まず、不安になっている自分に気づくこと――。不安になっている自分に気づけないと、その不安は今度は怖れや怒りに変わっていきます。つまり、不安な気持ちは、自分に恐怖心を抱かせたり、自分を怒りの気持ちにするようにと駆り立てていくのです。

恐怖心や怒りは、本来の自分自身を見失わせ混乱させ、冷静かつ客観的なものの見方を曇らせます。そうなると、自己中心的となり、周りに迷惑をかける人へと転落していきます。それを防ぐには、ネガティブな無意識領域に本来の自分を乗っ取られず、本来の意識的自己を自覚することが大切です。

「意識」＝「今していることを自分が認識している」、「無意識」＝「今していることを自分が認識していない」のように、「ある」に対する「ない」、「ない」に対する「ある」といった相対の観点では、意識全体をとらえきることはできません。わたしたちが今しているることを自分では認識していないとしても、絶対に自己の内にも外にも、全体としての意識体系というものが存在しているはずです。

わたしたちが「ある」／「ない」を区別・分離して認識しているその間《あいだ》には、「ある」

／「ない」の区別や分離の全てを含む、絶対かつ非分離の意識領域がある――これが西田幾多郎のいう「意識体系」です。ライフケアコーチングでは、こうした意識体系に含まれ、はっきりとは意識されない部分のことを特に「無意識領域」と呼んでいます。

西田幾多郎は意識体系について、次のように言っています。

個人とは意識の中の一小体系にすぎない。我々は普通に肉体生存を核とせる小体系を中心として居るが、若し、更に大なる意識体系を中心軸として考へて見れば、此の大なる体系が自己であり、其発展が自己の意志実現である。（西田幾多郎「善の研究」――『西田幾多郎全集』第一巻、岩波書店、二〇〇三年、一三二頁）

西田は、芸術家や音楽家は、この意識体系から知的直観を受け取っていたとも書いています。

この「意識体系」について、わたしがクライアントの方に説明する時に用いるのが、世界的に著名な作曲家・音楽家、ベートーヴェンの事例です。

ベートーヴェンは、耳が聞こえなくなってからも、素晴らしい音楽を創り出しました。耳が聞こえない彼が、素晴らしい音楽を紡ぎ出すことができたのは、肉体生存を核とした小体系だけではなく、大なる意識体系を中心軸とした大なる自己から知的直観を受け取ることができたからではないでしょうか。彼は大なる意識体系の中で、素晴らしい音楽家としての意志の実現をしたのです。

あらためて西田の「意識体系」について整理しましょう。

西田が説いていることは、わたしたちには、肉体生存を核とする小体系を中心とした目に見える存在とは別に、この小体系を含み、さらにその小体系を超えた大なる意識体系を中心軸とした目に見えない大なる自己が存在するという考え方です。つまり、わたしたち一人ひとりの存在は、肉体を中心に目に見える存在であると同時に、それを包んでさらに大なる意識体系として目に見えない存在でもある、と西田は言っているのです。

大なる意識体系を知れば知るほど、一人ひとりの意識、無意識領域の奥深さを感じずにはいられません。そして、その奥深さの先には、わたしたち人間の認識を遥かに超えて、それ自体がさらに進化を続けているかのようです。

一人ひとりのわたしの存在に隠された自己の意識、無意識領域の奥深さを知ることが、自分の人生や心を豊かにし、個を高めて生きることに繋がります。そして個を高めて生きる一人ひとりのプロセスが、全体の調和をもたらします。全体に偏在しているものが、一人ひとりの個に内在しているからです。

自己の内にあって大いなる意識体系へと繋がっている生命のことを考え、認識できない永遠の過去から未来永劫に動き続けている無意識領域に気づき、自己中心的なものの見方・考え方を、少しずつでも全体の調和を主軸としたものの見方・考え方に入れ替えていく――このことが、現在の自分の状態や状況を変えていく始めの一歩となるのです。

ライフケアコーチングは、自己の無意識領域にある潜在能力に意図的に働きかけていくことから始まります。その基礎となる理論が、西田哲学なのです。

2　ギリシア哲学、西洋思想

〈汝自身を知れ〉

古代ギリシアの哲学者タレス（紀元前六二四～前五四六年）は、「汝自身を知れ」といった言葉の語り手として知られます［注1］。またタレスは、困難なことは何かと訊ねられて、「自分自身を知ることだ」と語ったとも記録されています［注2］。「人類最古の哲学者」とも称されるタレスは、困難なことについて、他者を理解することではなく、自分自身を理解することだと答えているのです。

科学技術の目覚ましい発展に驚かされることが少なくない昨今ですが、タレスが生きた時代から約二五〇〇年以上が経った現代も、人の心の悩みはほとんど変わっていないのだなあと思います。

さて、タレスも言ったように、汝自身を知ること、自分自身を知ることはなぜ困難なのでしょうか？

少し前に、「よくない習慣は簡単には変えられない」とお伝えしました（↓46ページ参照）。自分が気づいている範囲（意識）で働く力よりも、自分が気づいていない範囲（無意識）で働く力の方が圧倒的に大きいのです。

ここで、皆さんにちょっと質問をします。

あなたは、どんなときも自分の感情をコントロールできますか？

「はい」と答えた方は、日々、修行僧のような精神の訓練をされている方か、普段から注意深く、冷静に自己を観察できている人ではないでしょうか。多くの人にとっては、何らかの訓練をしていない限り、自分の感情をコントロールするのは難しいと思います。

ためしに今日一日のことを振り返ってみてください。

余程嬉しかった出来事などがない限り、まず思い浮かぶのは、誰か（他者）に言われたネガティブな言葉や相手の冷たい態度、相手の否定的・攻撃的な反応……ではないでしょうか。こういう状態にある人は、裏を返せば、とにかく誰か（他者）や自分以外の要素を批判、否定、分離、分断、評価、排除することを考え続けている、ということが言えると思います。

不満や不安、理不尽さに対する思い・怒り、苦しみ・憎しみ、怖れ・悲しみ、悔しさ、嫉妬・怨み、喪失感といった感情を、自分の思いのままにコントロールすることは、実は大変難しいのです。特にネガティブな感情は、自分が思い出したくなくても、内側から次から次へとわき起こってくるものではないでしょうか。

ネガティブな感情は、考えたくない、思い出したくないと思えば思うほど、まるで力を増したかのように強力になって自分を追い詰めてくる――こうした経験をお持ちの方も少なくないのではないでしょうか。

では、一体どうすれば、この負の連鎖を断ち切ることができるのでしょうか？

その答えが、「自分自身を知ること」なのです。

自分とは、「自分が気づいている自分」と「自分が気づいていない自分」から成っている、と考えることができます。「自分が気づいていない自分」に気づくためには、自分を内側からも外側からも積極的に観察することが大切です。

ライフケアコーチングでいう「自分自身を知る」とは、自分では気づけていない自分に気づくこと、を意味します。ライフケアコーチングでは、相談者が、それまで自身では気づくことができなかったよくない部分に、誰かに指摘されて気づくのではなく、自ら気づけるようになることをサポートします。同時に、それまで自身では気づくことができなかったその人のよい部分を引き出し、その人が主体的に自己実現していくこともサポートします。そうすることで、結果的に個人と全体（個人を取り巻く環境）とが調和的によくなっていきます。個人の意識が変わっていくのです。

〈無知の知〉

古代ギリシアの哲学者、ソクラテス（紀元前四七〇〜前三九九年）については、名前を耳にしたことがあるという方も多いのではないでしょうか。ソクラテスは「無知の知」という言葉でも知られます。

ソクラテスは、知／無知について、次のように語ったと伝えられています。

> 私達は二人とも、善についても美についても何も知っていまいと思われるが、しかし、彼は何も知らないのに、何かを知っていると信じており、これに反して私は、何

も知りもしないが、知っているとも思っていないからである。されば私は、少なくとも自ら知らぬことを知っているとは思っていないかぎりにおいて、あの男よりも智慧の上で少しばかり優っているらしく思われる。（プラトン著、久保勉訳『ソクラテスの弁明』岩波書店、二〇〇〇年、二二頁）

ソクラテスは、自分には知らないことがある、ということを自分で理解しているのです。ソクラテスは自分の無知を自覚しているのですが、ここでの相手は、自分には知らないことなどないと思い込んでいます。もっと言えば、相手は、自分の無知を自覚していないどころか、自分が知らないことまで知っていると思い込んでもいます。

自分には知らないことがある、ということを自覚している人とそのことを自覚していない人とは、何がどう違うのでしょうか？

自分の無知を自覚している人は、知的探究心を持ち続けますが、それを自覚していない人は、それ以上に知るということをしない、という差があるのです。全てのことを知っていると思い込んでいる人は、他人の声・意見に素直に耳を傾ける、ということも困難になるでしょう。

ライフケアコーチングでは、「自分には知らないことがある」ということを自覚することを重視しています。相談者がまずは自分自身を知り、そしてご自身の知らないことについて気づくことが、よりよい変化に繋がっていくと考えています。

〈ピュシスとロゴス〉

「自分自身を知る」ためには、自分には、「自分が気づいている自分」と「自分が気づいていない自分」という二つの自己があるという認識が必要です。

西田幾多郎の「意識体系」を思い出してください（→53ページ）。

わたしたち人間は、一面では確かに「肉体生存を核とする小体系」であると言えるでしょう。つまり、わたしたちは、現実の世界に肉体を持って生まれ出て、肉体の死を持って、この現実世界は終わりを迎えます。

しかし、わたしたちは、どこかで、自分は決して肉体だけの存在ではない、と感じてもいるのではないでしょうか。普段意識することはなくても、自分には魂がある、と考えている、というように。もちろん現実には、人体解剖をしても魂という部位はどこを探しても見つかりません。それでも、多くの人は、人間にはもれなく魂があると信じ、たとえ死んだとしても、魂はそのまま残ると感じているものではないでしょうか。

前述の哲学者タレスは、魂は不死である、と考えていました［注３］。

また、西洋哲学にはピュシス（「自然」の意）とロゴス（「論理」、「言葉」の意）という考え方があります。哲学者の池田善昭先生は、この両者について次のように語っています。

ヘラクレイトスによれば、ピュシス（自然）は、「隠れることを好む」とされ、常に隠されている存在なのですが、ロゴスの立場というのは、自然は完全に人間の理性の中で暴かれていて、その隠れなさゆえにすべてが理解し尽くせると考える立場です。

（池田善昭、福岡伸一『福岡伸一、西田哲学を読む――生命をめぐる思索の旅　動的平衡と絶対矛盾的自己同一』明石書店、二〇一七年、四〇頁）

ここで言われているピュシスとは、まさに西田哲学で言うところの「肉体生存を核とする小体系を含む、更に大なる意識体系」とほとんど同じ意味である、と考えることができます。

ただ、ピュシスとは、多くの人がイメージされる「自然」とは少し異なる捉え方をしたほうがよい概念でもありますから、注意が必要です。

ライフケアコーチングでは、ピュシスを「自然を超えた自然の根源」だとしています。ピュシスとは常に隠されている存在であり、生命の源、万物生成の根源ともいうべきもの。

ピュシスの世界は、認識されることがない世界であり、非論理的な、言語以前の世界、潜在意識の世界です。一方、ロゴスの世界は、認識される世界、論理的思考に基づく言語化された世界、顕在意識の世界を表しています。

このことから、ライフケアコーチングでは、一人ひとりのわたしという存在には、ピュシス的立場の自己とロゴス的立場の自己、二つの自己があると考えます。このとき二つの自己については、次のようにいうことができます。ロゴス的立場の自己とは「自分が気づいている自分」であり、ピュシス的立場の自己とは、「自分が気づいていない自分」です。

３　仏教思想

一人ひとりの人生全体と関わるライフケアコーチングは、一人ひとりの個人には、その人自身が人生をどうしたいのか、どのように人生を変えたいのか、どんな人生にしたいのかが、本来その人自身の中に備わっているとする考え方を採用しています。

同じような考え方が、仏教思想の中にもあります。

> 自己のうちに真実のあり方が本来具わっていることを信じて、発心し、修行させるのである。（宇井伯寿、高崎直道『大乗起信論』岩波書店、二〇一一年、二二六頁）。

ライフケアコーチングでも、クライアント一人ひとりの心の真実のあり方、そして人生のあり方への答えは、その人自身の内にあると信じて関わっていくことを重視しています。

〈八識と九識以降〉

ライフケアコーチングは基礎理論として、仏教の意識／無意識の捉え方を重要なものとして取り入れています。

仏教では、意識作用を八つに分けています［注4］。これを八識（はっしき）といいます。識（しき）とは、仏教用語で「意識」「生命力」「心」などの意味です。

一識から五識までは前五識（眼識、耳識、鼻識、舌識、身識）といい、人間の五感（視覚・聴覚・嗅覚・味覚・触覚）に対応します。

六識は「意識」といい、いわゆる「意識」に相当します。

七識は「末那識（まなしき）」と呼ばれます。一識から六識までの六つの識の背後で働く自我意識のことです。

八識は「阿頼耶識（あらやしき）」。個人の存在の根本にあって、通常は意識されることのない深層心理・無意識的な認識・働きのこと。

ここまでが八識です。

さらに宗派や教義によって、九識以降が説かれる場合があります。

天台宗などでは、九識を「阿摩羅識（あまらしき）」としています。最も根源的な宇宙そのものが持つ識＝超意識のことで、天台宗では、「汚れが無い無垢識・清浄識」とされています。

真言宗では、八識に阿摩羅識と「乾栗陀耶識（けんりつだやしき）」を加え十識としています。乾栗陀耶識とは、ブラフマン（ヒンドゥー教またはインド哲学における「宇宙の根本原理」）のことです。

このほか、「真諦訳の世親の摂大乗論釈巻五には、阿頼耶識の変異によって生起する識に身識、身者識、教識、処識、言説識、自他差別識、善悪両道生死識の十一識の差別がある」（総合仏教大辞典編集委員会『総合仏教大辞典』全一巻、二〇〇五年、五二〇頁）と、さらに細かく八識以降を分けている教義もあります。

わたしたちが普通「意識」と呼ぶのは、『総合仏教大辞典』によると、六識までです。したがって七識以降が「無意識」ということになるのですが、無意識の領域を表すのは、七識「末那識」だけでは足りていないことに注意していただきたいと思います。

無意識の領域（七識以降）というのは、通常わたしたちが理解しているものより遥かに奥深く、論理的に考えられる範疇を遥かに超えて、無限の広がりを持つものだ、ということをイメージしていただけるのではないでしょうか。仏教の意識／無意識のとらえ方から、わたしたちは、意識の領域より無意識領域の力の方がとてつもなく大きいものであるということを理解することができます。

今、本気で自分を変えたいと考えている人は、無意識領域にある自分の特性を知ることが大切です。自分の無意識領域の特性を知り、その領域にどう向き合い、どう働きかけ、その領域をどう変えていくかを考えるのです。ライフケアコーチングでは、相談者の無意識領域（自分では気づいていない領域）への働きかけを重視しています。

自身の無意識領域について知ることができれば、必ず否定的な状態・状況から肯定的な状態・状況へと変わっていくことに繋がっていきます。「自分が気づいていない自分」について知ることができるようになると、偏見や先入観、思い込みや既成概念、固定観念などから自由になり、からだと心がおのずと外に開かれていくからです。

多くの人は、自分が自らの無意識領域に大きく影響されて生活をしているとは思いもしないことでしょう。しかし、仏教が教えるところでもあるように、わたしたち一人ひとりが一日の生活の中で、見たり聞いたり、感じたりしたことの大半は、意識に上がってくることはないわけですが、無意識領域に入り込んで、わたしたちの一部となっているのです。

Ⅳ　ライフケアコーチングの実践法

ライフケアコーチングには、12の実践法があります。その土台には、思想があります。七割は、西田幾多郎の哲学・思想からわたしが感じ取ったものです。残りの三割は、古代ギリシアの哲学者タレスから現在に至るまでの哲学者の思想、西洋思想、東洋思想、仏教思想からわたしがくみ取ったものです。

12の実践法は、一つの方法だけで完結するものというよりは、さまざまに組み合わせることではじめて機能し、効果を出していけるようになるものです。

コーチ（援助者）が、どの実践法をどう使うかに思考を集中し過ぎて、目の前にいるクライアント本人を見ていなければ本末転倒です。クライアントに対して、どの実践法を使えば効果が出るのかを考える前に、目の前にいるクライアントと向き合っているこの今にこそ答えがあるという自覚が、大きな効果を導き出してくれます。

コーチがいかにクライアントとのこの今に一致できるか――このことが、12の実践法を選ぶことよりも重要だということをあらかじめ強調しておきたいと思います。

つまり、ライフケアコーチングの行う援助とは、コーチとクライアントとの関係性の中で動き続け、変化し生成し続けるものだということです。一旦終わったと思っても再び始まって、時間の流れのように、途切れることなく続いていくものです。

12の実践法は、それぞれが複合的に影響し合いながら、それぞれの特性や独自性を発揮していくことでよい結果を生むことに繋がっていきます。12の実践法が統合されることで、クライアントのよい変化が目に見える形で表れてくるようになります。

それぞれの内容については、次章で詳しく説明します。

◎ライフケアコーチング　12の実践法

(1)「内なる生命と一致する自己受容」
(2)「自分を自由にする自由意志」
(3)「見ている世界が変わる沈黙の世界」
(4)「時空を超える想像力」
(5)「未知の楽しさに出会う創造力」
(6)「心の中の絵と自分が一致する視覚化」
(7)「不思議な言語体」

(8)「不思議な感情体」
(9)「不思議な思考体」
(10)「本来の自分に気づく自覚」
(11)「目から鱗の気づき」
(12)「無意識領域からの答えを待つ自問他答」

注１　日下部吉信『初期ギリシア自然哲学者断片集①』（筑摩書房、二〇〇〇年）二二五頁による。
注２　日下部吉信『初期ギリシア自然哲学者断片集①』二二三頁による。
注３　日下部吉信『初期ギリシア自然哲学者断片集①』十五頁による。
注４　「意識作用を八つに分けていること」「八識」は一つの説であり、異説もある。

第二章　ライフケアコーチング　12の実践法

はじめに——12の実践法を使う前に

ライフケアコーチングには、12の実践法があります。
この章では、それぞれの実践法（の核となる考え方）を紹介したいと思います。
その前に確認しておいていただきたいことをはじめに2点、述べておきましょう。

一つの実践法だけで完結しない

12の実践法は、ただ一つの実践法だけで機能して効果が現れるというものではありません。「12」という数自体、便宜的にそう分けているだけのものですから、決して一つの実践法だけで完結するものではないということをまず覚えておいていただきたいと思います。

たとえある実践法が結果的にクライアントによい影響を及ぼすことになった場合でも、その裏では他の実践法も複合的に作用しています。いま目の前にいる生身の人間＝相談者と関わるということは、あらかじめ考え抜かれ計算されたデータの上で、ではなく、まさにこの今向き合っているコーチとクライアントとの間《あいだ》で答えを探していくことに他ならないからです。

ピュシスへの働きかけ

ライフケアコーチングの実践は、クライアントの目的を達成するうえで、コーチの頭の中であらかじめ用意されたプログラムに従って淡々と進めていくものではありません。

コーチとクライアントとの間にあるものは、人と人との間です。「人と人との間」は目に見えません。しかし、目に見えないながらも、そこには途切れることなく続いている時間の流れのような何かが存在しています。

この間にある何ものか――それが、ピュシスです。ピュシスとは、わたしたち人間の思慮分別では到底把握しきれない、宇宙をも包み超えた自然＝「自然を超えた自然の根源」です（→62ページ参照）。

わたしたちは、確かに目の前の人を一つの対象として見ています。しかし、人は単なる〈モノ〉ではありません。「肉体を纏った存在」というだけのものでもありません。自分が心だと感じる事柄や精神、いま意識していると自覚すること――そうしたことは、モノとして見ることはできませんが、確かに存在しています。それらは見ることはできませんが、自分の中に常にあって動き続けているピュシス＝〈コト〉と言えます。

他者とは結局は分かり合えないと諦観している方もいるかもしれませんが、他の誰かと、言葉を超えて心から分かり合えたという経験をお持ちの方も少なくないでしょう。そうした尊い経験は、計算されたデータ上にあるのではなく、人と人との間にあって、自然や生命の根源、人と人とのいのちの繋がりからもたらされるものでもあるでしょう。

ライフケアコーチングでは、目に見えない人と人との間には、止むことなく活き活きと動き続けている何かがある、と考え、そうしたピュシスに働きかけていくことを方法論としています。

＊　＊　＊

以下、ご紹介する12の実践法は、あくまでもツールです。クライアントのよりよい変化を生み出し導き出していくのは、コーチとクライアントとの「一致」である、ということを最初に理解しておいてくだされば幸いです。

(1) 内なる生命と一致する「自己受容」の考え方

「自己受容」とは、一般には、読んで字のごとく、自分をありのままに受け入れることです。自分のよい部分を気持ちよく受け入れるだけではなく、自分の嫌な部分や欠点など、自分で認めたくない・受け入れたくない部分、そうした全てをひっくるめて自分を受け入れること――これが普通に言われる「自己受容」でしょう。

（西田哲学を理論のベースに据えている）ライフケアコーチングが考える「自己受容」は、右とは少し違ったものとなります。もちろん、ライフケアコーチングの「自己受容」にも、認めたくない・受け入れたくない自分を受け入れることは含まれます。

クライアントの方で自己受容ができない人の多くは、次のような傾向にあります。

・自分を過小評価する。
・自分が嫌い。
・自分の過去を変えたいと思う。

・自分の今の状態・状況がよくないと思う。
・自分に自信がない。
・自分は孤独だと思う。
・自分は人に理解されないと思う。
・自分がわからない。
・自分は何をやってもだめだと思う。

こんなふうに、自分を認めて受け入れることができず、自分の足りない部分にばかり目を向けて不平や不満をいい続けています。

「自分が知らない自分」の認識から「生命への自覚」へ

こうした方に対してわたしたちは、「いま自分が考えている自分だけではなく、自分の知らない自分もいる」という考え方があることをお伝えしています。存在には、肉体生存を核とする小体系を中心とする存在と、大なる意識体系に基づく存在とがある、と（↓53、54ページ参照）。

前者は現実の世界です。人は肉体を持って生まれ、肉体の死をもって人の死とする、そういった肉体生存を中心とした世界です。不平不満、愚痴が絶えない自己というのは、こうした目に見える世界、物体、〈モノ〉の世界に留まっている自己と言えます。

一方、後者のほうは、こちらは「意識」ですから、目に見えません。このとき自己を認識するには、自分の内にあるいのち、生命を自覚することが大切です。

生命への自覚が、〈モノ〉の世界から、大なる大自然の生命の中にわたしたちを導いてくれます。わたしという存在が、全体の中のものとしてピュシスの中に存在していることに気づけるようになります。

ここでいうピュシスとは、「思慮分別を絶したもの（主客未分の場所において経験されるもの）」[注1]。わたしたちの思慮分別を絶しているのですから、考えて理解することはできませんし、想像すら超えた世界です。わたしたちの知り得る範囲を遥かに超えた、目に見えない世界が現存している、ということです。

また、いのち・生命はそれ自体で尊く、他者や何か別のものと比較したり区別したりすることができるものではありません。

まずは、自分の内にあるいのち、生命に意識を向けて立ち止まり、逃げずに居続けてみることです。

人生を自覚的に生きる

いのちや生命への自覚が、自分の人生を人として生きる自覚に繋がっていきます。自らの生に徹することは、結局、人が人として、人生を自覚的に生きることになるからです。

自己受容がうまくできなかったクライアントの方を分析すると、次のような共通点があることがわかってきました。

・自分という存在について、自分の都合のいいやり方で「認める」／「認めない」という判断を下し、自分の判断基準からこぼれ落ちたものは容赦なく切り捨てている。
・切り捨て、切り離した部分について否定し続けるため、自らの生に徹することが自ら困難になっている。

多くの方は、いのちや生命への自覚がないために、人生を生きる覚悟ができていない、ということではないでしょうか。自分を否定することで、自分の人生から逃げようとしている。そのことに気づくためには、生命を自覚し、人生への覚悟を持ち、自己否定をやめることが必要です。

からだに意識を向ける

そのために最初にすることは、自分のからだに意識を向けることです。「からだあってのわたし」なのですから。そのことに気づいたら、からだを通して、さらに自分の内にあるいのちや生命を感じるようにするのです（→49、50ページなどを参照）。

とはいえ、からだに意識を向け、生命を自覚し、人生への覚悟を決めたからといって、今すぐに、一気に自分や物事が変わるというわけではありません。それまで意識的・無意識的に習慣化されたものの考え方やものの見方を変えていくのは容易なことではありません。

そのためには気の遠くなるような時間と根気と忍耐が必要になる場合があるとも言えますが、これらの実現に向けた努力は、自己が目指している変革に必ず繋がっていきます。

大なる生命との繋がりが自分の内にあると認識することが自己を変えていくための「始まり」となるのです。そしてそのことが、自分の本質を知ることにも繋がっていきます。

そのプロセスの中では、自分を否定し続け、自分という個を貶めていくことが、自分という個人の問題だけにとどまらない、ということに気づけるようになります。自分だけの人生でもない、ということが自分の内から気づけるようになるのです。

ライフケアコーチングの自己受容――内なる生命との一致、愛

ここまでのことを踏まえた上で、ライフケアコーチングでは、「自己受容」とは次のようなものだと考えています。

自分が自分の内にある生命と一致すること

ここでいう一致とは、西田幾多郎のいう「主客合一」のことです。主客合一の「主」は主体であり、主体とは、人がものを見る場合の〈見るもの〉です。主客合一の「客」は客体であり、客体とは、人がものを見る場合の〈見られるもの〉です。主体と客体の合一とは、「主体（見るもの）と客体（見られるもの）が一致すること」であり、それは愛することだと西田はいいます（西田幾多郎「善の研究」――『西田幾多郎全集』第一巻、一五七頁）。

一般に想起される愛とは、自分が誰かを愛する、というように、自分がどこまでも主体で優位になっています。自分が誰かを思う気持ちが強くなればなるほど、いつしか感情をコントロールできなくなり、自己中心的になっていきます。また、自分が誰かを愛する気持ちが強ければ強いほど、相手が自分の思うようにならなければ、相手を憎むといった正反対の感情も生まれてきます。

では、誰かを愛するはずの愛が、自己中心性の強い、我欲的なネガティブな感情に変わっていくのを防ぐには、どうすればよいでしょうか？

その答えは、「自分に対して誠実に取り組むこと」です。具体的には、次のような状態（にある自分）をイメージすればよいでしょう。

・自分の心が自分に向くようになる。
・ありのままの自分を見ようとする。
・自分を許す。
・自分を認める。
・自分を慈しむ。
・自分を思いやる。
・自分を大切に思う。
・自分に優しくなる。
・今まさにここに生きている自分を喜ぶ。
・自分を敬い、愛する。
・今の自分を思うだけで感謝の気持ちがわき出てくる。

要するに、自分の中にある生命を感じ、その生命に意識を向けることが大切なのです。自分のことを心から認め、受け入れていくトレーニングを継続していくと、時間とともに変化が訪れます。その変化は、「自分さえよければ」という我を無くすことにも繋がっていることでしょう。自己中心性の強い我欲的な部分を手放せると、全身に力が入っていたのが自然に抜けていきます。そうなると、本来の自分が自分の内側から現れるようになり、それまで気づくことがなかった自分の本質を理解できるようになります。

生命、相手との一致

自己受容することができない人は、他者に対しても心から受容するのは難しいでしょう。自分を大切にできない人は他者も大切にすることができないのと同様です。

他者を援助したい人は、自分の本質への理解がなければ、いろいろな側面を持つ他者の性質に簡単に巻き込まれてもしまいます。

もしあなたが誰かに必要とされたいと思うのなら、自分の内にある生命を自覚することです。そのためには、自分の内にある全一なる生命を自分のからだで感じ、それを見つめる、というところから始めなければなりません。そして次には、自分が、その生命と一致することを強く願うことです。始まりは、いつも自分の意志なのです。

　西田の「愛」とは、相手のことを心から大切に思うがゆえに自分を忘れる状態にあること、または自分を無くして相手の魂に自分を差し出すこと、そして自分の本質と相手の本質が一致するということだと思います。ここでいう本質とは、「大なる意識体系を中心軸とした自己」のことです。

　肉体生存を核とする自己は、肉体を纏っている物体的存在ゆえに他者とはっきりと区切られているでしょう。しかし、大なる意識体系を中心軸と考える自己は、意識ですから、区切られてはいるけれども、同時に区切られていない存在でもあります。そして、区切られている自分と区切られている相手とが、互いに区切られているけれども同時に区切られてないことに気づくとき、両者は一つになっています（一致）。一人ひとりの人間は目に見える存在として区切られていますが、目に見えない意識の深いところでは繫がっています。区切られている自分と区切られている相手が、互いを区切られているにもかかわらず区切られていないと感覚的に気づくこと——これが西田のいう愛だとわたしは考えます。

　ここまでをまとめると、ライフケアコーチングのいう「自己受容」とは、**自己が自己の内にある生命を自覚し愛すること、それと「一致」すること、**です。

注1　池田善昭、福岡伸一『福岡伸一、西田哲学を読む』七二頁参照。

(2) 自分を自由にする「自由意志」の考え方

自分の人生の決定権は常に自分にある

ライフケアコーチングでは、「自由意志」について、誰にでも「自分の人生は自由に考え、決め、選び変えていく意志の力がある」という考え方をとっています。したがって、自分のことをいつも不自由だと思っている人は、自由意志をうまく使えていない、ということになります。

クライアントの多くの方は、自由意志という言葉は知っていても、右のような意味や「自由意志」に自分を楽にする力があることをご存じではないように思います。

例えば、「何をやってもうまくいかない」というのが口癖のようになっている人は、自分のことを運がなく不幸であるとか、恵まれていないというように自分を蔑んでいます。

そういう方に対して、ライフケアコーチングでは、次のようにお話しします。

「あなたは、ご自分の言葉によって自分（の価値）をマイナスの方に下げていて、自己否定する方を自ら選んでいることになりますが、そのことに対して無自覚になっています。

もしご自分が本当に不幸で恵まれていないとしたら、まずは、そのことをどうしたいと思うのか、ご自身で考え、自分に問うことから始めてみてはいかがですか？

その次に、ご自身はそこから何を選んでそれをどのように決めていきたいのか、を問うてみるのです」

「自分には運がない」と言い続ける人になり、今の状態について嫌だと思いながら諦めてしまう道を選ぶのか。それとも、自分には運があり、幸せになる道を選んで、現在の状態を変えていくといった覚悟を決めるのか――。自分の人生というものは、実は、皆さん一人ひとりが自分で考え、決め、そして選べることができるものであるはずです。つまり、自分の人生をどう生きるのかという決定権は、常に自分にあるのです。

(2) 自由意志

自分の意志が外側の自分を決める

西田幾多郎は、こう言っています。

我々はいつでも自己の状態を意志するのである、意志には内面と外面との区別はないのである。（西田幾多郎「善の研究」――『西田幾多郎全集』第一巻、岩波書店、二〇〇三年、二四頁）

ここで言われているのは、今の自分の状態というのは、よいにしろ、よくないにしろ、自分が意志した状態の結果である、ということです。自分の人生について、「こんなはずではなかったのに」と後悔したり、今の自分の状態を否定的に捉え続けたりしていると、否定的に捉えている自分の意志が外側の今の自分の状態を決めてしまうことになるのです。

クライアントの多くは、「自分の意志で選んでも何も変わらない」とよく言われます。一面では、もちろんその通りでしょう。自由意志で決めて選んだからといって、今すぐに何かが変わるはずもありません。しかし、それでも今の状態を本気で変えたい、変わりたいと思っている人なら、自由意志を使って自分の人生を変えていくことができます。

自由意志で「何をやってもうまくいかない」という人にはならないと決める

今の自分を変えたいと望むなら、まずは人生全体を俯瞰し、自分は人生をどう生きるのかと理性を使って深く考えることから始めましょう。

次に、自由意志を使って次のようなことを丁寧に考え、その答えを選んでいくようにします。

自分は人生に何を求めるのか。自分は人生をどうしたいのか。人生はわたしに何を求め、何を与えてくれるのか。人生はわたしにどう生きろといっているのか。人生からわたしは何に気づき、何を得るのか。人生に対してわたしは何ができるのか。……

「何をやってもうまくいかない」が口癖になっている人は、意識的か無意識的かを問わず、自らそれを選んで口にしていることに気づいていません。ライフケアコーチングの自由意志の立場からいうと、その人は自由意志でそうした生き方を選んでいることになります。

　では、どうすればよいのでしょうか？

　どんな人も、自由意志で、自分は「何をやってもうまくいかない」という人にはならないと決めることはできるでしょう。そして、決めたことを自分の意志で選び続けると覚悟することもできます。自分が選んだことを行動に変えていくこともできます。

　自分の頭で考え、決めたことを自分の意志の力で選び続ける行為は、自分に対して誠実であるということになり、時間の経過とともに、自分を信じられる自己というものが形成されていきます。

「この状態から抜け出したい」と自分に向かって宣言する

　自分の人生の選択権は自分にあるのです。ここでいう選択権とは、自分の意志の決定権のことです。自分の人生の主導権は自分にある、ということを自覚して自由意志を使えば、意志の自己実現は必ず可能になります。

自分で決めたことを行動に移すか移さないか、それも自由意志です。どこまでもネガティブな発言やネガティブな考え方をする人には、それを自分が自由意志で選んでいる、ということに気づいていません。「何をやってもうまくいかない」といい続けるのをやめない人は、自分の意識が自分のネガティブな無意識に支配されてしまっているということに気づいていないのです。

今の自分の状態や状況を変えたいのなら、自分の自由意志をどう使うかです。混沌とした状態から抜け出たいと本気で望むなら、まずは、自分の自由意志で、「そこから抜け出たい」と自分に向かって宣言することです。そう宣言することが、ネガティブな無意識の下で暗闇や混沌状態に陥っている自分の意識を変えることにも繋がっていきます。

ライフケアコーチングでは、現在の状態そのものが、当人が自由意志で選んでいるということに気づいてもらいながら、さらにそうした状態から抜け出るアイデアを当人が自由意志を使って考え、決めていけるようサポートします。

自分の意志で自分の進みたい方向を丁寧に選びながら、よりよい未来に焦点を合わせて意識や行動を変えていく——これがライフケアコーチングでいう「自由意志」です。

(3) 見ている世界が変わる「沈黙の世界」の考え方

内面から聞こえる声

一般に理解されている「沈黙」とは、「黙って口をきかないこと」、「音を出さないこと」、「活動せずに静かにじっとしていること」などでしょう。

ライフケアコーチングでの「沈黙」は、これとは明らかに異なるものです。

例えば、皆さんは、実際に黙って声を出さず、口をきかないように静かにしていても、自分の内面から次から次へとわき上がってくる声を感じたり、頭の中で思考が勝手にぐるぐる回りはじめ、内なる自分が、まるで自分に語りかけているように感じたりするといった経験があるのではないでしょうか。

静かにして何かを考えたりするのをやめようと思ってもやめられず、静寂の時間に身を置きたいと思っても、どこからともなく自分の内面の声が聞こえてくるのです。クライアントの方の中には、自分の意志（意思）とは関係なく、常に自分を休ませることなく、せわしなく自分を追い立て追い込むような声が聞こえると訴える方も少なくありません。

このような、**内面から聞こえる声を黙らせる**行為のことを、ライフケアコーチングでは「沈黙」と呼んでいます。

「大なる意識体系」へとつながる「沈黙」

西田幾多郎は、「大なる意識体系を中心軸として考えてみた時の「大なる意識体系」が自己であり、その発展が自己の意志実現である」と述べています。訓練されていない通常の意識状態では、大なる意識体系を認識することはできません。通常は無意識の領域からわき上がってくる数えきれない声に振り回されてしまうからです。意識が無意識によって制御できない状態になっていると、自己の意志実現まで辿り着くことは大変困難です。

ライフケアコーチングでの「沈黙」が得られるように訓練することが、「大なる意識体系」へと繋がる近道となるのです。沈黙のトレーニングを通して自分の内面が変わると、それまで見ていた世界も変化していくのがわかるようになります。

ライフケアコーチングでは、次のような人に沈黙のトレーニングをすることを勧めています。

・いつも心がざ<ruby>わざわしていて落ち着きがない人。

・極端にポジティブな面ばかりを見て自分本位で、自分を省みることができない人。
・ネガティブな面ばかりを見ている人。
・自分ではネガティブな面を見たいと思っているわけでもないのにもかかわらず、自分の意志ではなかなかネガティブな思いや考えを払いのけ、スッキリした状態に自分を持っていくことができない人。
・本気で内面を変えたいと考えている人。
・他人の話を最後まで聴けない／話を聞きながら「心ここにあらず」の人。
・他人の話を平気で中断して自分の話したいことを話し始める人。
・心の中で相手の話を批判、評価、分析してしまう人。

沈黙のトレーニング

沈黙のトレーニングが目指すところは、以下のようなことです。

・自分の意志とは関係なく勝手気ままに思考が始まり、思い出したくない他者の否定的な言葉などが自分自身を追い詰める声になるのを防ぐ。
・心の中で次から次へとわき上がってくる声にいちいち振り回されなくなる。

(3)　沈黙の世界

・心の中でわき上がってくる声を黙らせる。
・心の中の声を相手にせず無視し続ける。

このトレーニングの効果は、集中力が高まり、意識がぶれなくなる、といったことで実感できるようになります。その結果、他者の言動に振り回されなくなり、他者が発した言葉にすぐ反応したり、すぐ反撃したりすることもなくなります。他者からのよくない影響を受けないようにもなるでしょう。無意識の領域で自分のエネルギーを無駄に消費していた人は、慢性的な無気力感から脱して、自然と「やる気」が出てきます。

他者の言動に対して、すぐにカッとなってしまうという人は、ネガティブな無意識に自己をコントロールされているのです。常に穏やかに平常心を維持し続けることは、自分の心とからだに大変良いことですから、普段からそうあるよう心掛けたいものです。

他人の話を上手に聴けないという人は、訓練によって、今まで気づけなかった自分の性質に気づくようにもなると思います。

全身で相手の話を聴く

他人の話を聴くというのは、ただ静かにして相手の話に耳を傾けていればよい、というよりは、自分の内なる声を黙らせ、身体全体がピュシスの一部となり、耳ではなく、全身で聴くということなのです。

そのためのトレーニングは、「目に見える世界と目に見えない世界の間に立つ訓練」と言ってもいいかもしれません。あるいは、ロゴス的立場の自己とピュシス的立場の自己の間に立つ訓練である、と。訓練を続けることで、心の目で見る世界というものが開かれてくるようになります。また意識が自分の感覚に自然と向き、自分の感覚を大切にしようと思い始めるようになります。

その時見えている世界は、これまで自分が見ていた世界とは異なるもので、きっとあなたの意識の世界をも広げてくれることでしょう。

⑷　時空を超える「想像力」の考え方

相手を思いやること

わたしたちが物語を読み進める時、物語自体は目には見えないものであっても、心の目で物語を描写しています。一般には、この、見えない物語を心の目でイメージしていくことを「想像力」といいます。ライフケアコーチングでは、さらに一歩進めて、物語に登場する人物**一人ひとりの立場になって考えてみること**を「想像力」と呼んでいます。

想像力を高める訓練をしていくと、自分の無意識（領域）についても理解が深まっていきます。ここでの無意識とは、いま自分がしていることを認識していない、ということです。自分の中には、自分が認識していない自分がいるのです。自分の中にある他者性と言ってもいいかもしれません。自分が知らない自分の中にある自分。このことに気づくためには、ライフケアコーチングの「想像力」を高めていくことが欠かせません。

肉体生存を核とする小体系である物体的自己は、目に見えます。一方、大なる意識体系を中心軸として考えたときの大なる自己は、目に見えません。

前者の自己が肥大化している人は、当然、ライフケアコーチングの想像力に到達することが難しくなります。物体的自己が中心軸となり、自己中心的になっているからです。自分の都合のよいように考え、相手の立場になって考えることができません。あくまでも相手より自分の思考が優先されて働いています。

相手の立場になって考えるとは、相手を思いやるということです。

想像力を高めるトレーニング

想像力を高めるためのトレーニングは、我先に、と無自覚に行為してしまう自分をいったん脇に置く訓練と言えます。他者と心からわかりあうことが難しいという方は、無自覚に「我先に」といった考え方をしています。無意識のうちに万事が自分の都合のいいように、いいように、と働いています。

訓練を通して「大なる意識体系」の方に意識のベクトルを向けてみることは、ロゴス的立場の自己からピュシス的立場の自己へと自分自身が移っていくことを意味します。そこには自己も他者もともに存在しているため、自分が持っている中心軸そのものが変わっていくことになります。

中心軸が変わると、それまでしていた時間と空間の捉え方も変わります。

時間と空間に縛られることなく、言わば時空を超えて、それまで気づかなかったコトやモノにも意識が向くようになります。

ロゴス的立場の自己、すなわち物体的自己がとっていた中心軸が少しずつずれてきて、ピュシス的立場の自己を自分の中に感じられるようになっていくのです。

(5) 未知の楽しさに出会う「創造力」の考え方

直観力を鍛える

ライフケアコーチングでは、**自分の未来を心の中で自由に描くこと**を「創造力」と呼んでいます。

クライアントの中には、自分の未来（像）がどうしても描けないという方がいます。その方に対して、わたしはまず、「描けない」のではなく、描けないと思っている自分を選んでいることに無自覚になっておられるようです」とお伝えします。

次に、その方が「描きたい自分を選びましたが描けないんです」と言われたら、この方は、少なくとも自分の意志の力を使って意識の矛先を「描きたい」方に向けていることがわかります。

ここまで来ると、次のステップに進むことができます。

無意識の領域には、自分を遙かに越えた創造の世界があります。しかし、自分の中の無意識を動かすには、地道な努力が欠かせませんし、自分の意識を使うことから始めなければばなりません。「大なる意識体系」は肉体生存を超えたものですから、そこから何かを受け取ろうとすれば直観に頼るしかありません。

直観とは、論理的な思考の対極にあって、ピュシスに気づくことです。ピュシスに迫る直観力に優れている人としてわたしが思い浮かべるのは、芸術家です。わたしはクライアントの方に、すぐれた芸術作品――音楽、映画、絵画、本など――に積極的に触れる時間をもつことを推奨しています。すぐれた作品には、自分が気づいていない、無意識領域のよい部分を目覚めさせ、意識にまで引き上げてくれる力があります。

頭で考えるのではなく、自分の経験・感覚を重視する

明るい未来像を描くのは、自分の内には自分の知らない無意識の創造世界がある、と信じることから始まります。「信じる」といっても、盲目的に信じる、というのではなく、あくまでも理性的な判断によって「信じる」ということですが。そのためには、自分の知らないことを積極的に知りたいと思うかどうか、自分に問うてみることも必要です。

意識があると信じるからこそ、自分の未来を無意識領域から探し始めることもできるのです。無意識の領域を動かしていくのは、もちろん意識です。

西田幾多郎は、「物体が意識を生ずるのではなく、意識が物体を作るのである」と言っています（→51ページ参照）。

一般には、「個人（物体）があって意識がある」というように考えがちでしょう。しかし、西田は、意識が個人（物体）より前にあると言っているのです。

このことを頭で理解するのは非常に難しいと思います。

頭で理解しようとしすぎると、全身に力が入り、凝り固まって身動きができなくなってしまう、ということにもなりかねません。したがってこの場合は、西田が説いている内容を、自分の経験を通してからだで理解する（体得する）ということが有効かもしれません。

「意識が先」だというのは、創造的な活動を何度も何度も繰り返すうちに感じることができるようになると思います。頭で考えるのではなく全身を使って、直観を働かせる活動を繰り返していけば、おのずと無意識領域に近づくことができるようになります。その時、自分の行為を振り返ってみれば、主客の区別なく、ただひたすらに行為していたという具合になっているのではないでしょうか。つまり、意識（無意識）が先に来ています。

ライフケアコーチングでいう「創造力」を高めるためには、どれだけ自分の意識を未知の楽しさに出会うために使うことができるかが重要です。

頭で考えるのではなく、経験が思考に先立つようになれば、そこには未知の楽しさに出会える創造の世界が広がっているのです。

(6) 心の中の絵と自分が一致する「視覚化」の考え方

心の中で絵、ストーリーを描く

ライフケアコーチングでいう「視覚化」の最初の段階は、「**心の中で見る絵**」、すなわち、心の中である物語（ストーリー）を描くということです。この意味では、一般の意味での「想像」に近いかもしれません。

ここで、意識とは、意識・無意識のように単純に二分されるものではないということを思い出してください。仏教では、意識作用を多くの段階に分けていました（↓64、65ページ参照）。また、意識とは、意識（気づいている）／無意識（気づいていない）のように区切ることができないものであり、途切れることなく動いているものでもありました。

人が自分の意志を実現できるかどうかは、意識をどう使うかにかかっています。その一つの方法が「視覚化」です。意志実現には、心の目を通して、はっきりと意志を達成した自分をイメージすることが必要です。

意識と無意識の間には、非分離の領域というものがありますが（↓54ページ参照）、この（無意識）領域を自覚しつつ、意志が達成されたイメージを描いてみるのです。

心の中の絵と自分を一致させる

このとき心の中の絵を見るといっても、ただ「見る」のではダメです。今まさに自分が現実の世界にいるかのように、自分の全神経を集中させ、感覚を総動員させて「見る」ことが大切です。**自分が見ている心の中の絵と自分を一致させること**――これをライフケアコーチングでは、「視覚化」と呼んでいます。

この視覚化は、実際に自分が何度も何度も繰り返し挑戦し続けることによって実感できるようになるものです。視覚化されたイメージがリアリティを帯びてくると、楽しくて、知れば知るほどやめられない・とまらないといった状態に移っていきます。

自分の無意識領域にある視覚的なイメージは、自ら活性化していくことができるのです。このことが理解できるようになれば、自分がなりたい自分の具体的な像が、かなりはっきりと描けるようになります。

(7)「不思議な言語体」の考え方

言葉は生きていて自分と周囲に影響を与え続ける

言語には、「言語体」というものがある、と考えています。

「言語体」とは、西田が、「言語は思想の身体と云はれる」(西田幾多郎「生命」――『西田幾多郎全集』第十巻、岩波書店、二〇〇四年、二三七頁)と語っていることをヒントにして考案した、ライフケアコーチング独自のアイデアです。

ライフケアコーチングの「言語体」とは、**自分の思想と自分の身体が一致することによって形成される何ものか**です。

自分が口にした言葉は見えませんが、言葉は生きていて、自分の口にしたよい言葉はよい言語体となって自分の身体を覆い、自分によい結果(モノまたはコト)をもたらします。

逆に、自分が好ましくない言葉を言い続ければ、よくない言語体が形成されて、よくない結果を自分にもたらします。自分が口にした言葉は、もれなく全て自分に戻ってきて自分に影響を与え続けるのです。

言葉は、自分の人生を揺るがすほど、大きく変えていく力も持っています。

この言語体は、固定されたものではなく、自分が口にする言葉によって変化していきます。当然ながら、目には見えません。

大切なことなので繰り返しますが、ネガティブな言葉をいい続ければ、身体全体がネガティブな言語体に覆われていきます。その結果、ネガティブな言語体に見合ったモノやコトを自分に引き寄せてしまうのです。反対に、心から人が喜ぶことや自分自身が楽しくなることを積極的に口にすれば、それに見合った言語体が形成されます。結果として、自分が喜んだり、楽しくなったりするような事態が起きるようになります。

言語体は、外側からモノやコトを引き寄せるばかりではなく、自分の内面にも大きな影響を与えます。例えば、ネガティブな言語体を纏っている人は、口から出る言葉が、いつもネガティブな響きをともなっています。恨み、嫉妬、嫌味、怒り、不平、不満、愚痴、悪口、暴言、不安……など。にもかかわらず、当人は往々にしてそのことに気がついていないため、知らず知らずのうちに自分の内面にネガティブな影響を自分で与え続けることになり、否定的な状態・状況から自ら抜け出られなくなってしまいます。

自分の言語体は、もちろん、他者にも影響を与えます。自分が無意識にネガティブな言葉を口にするのが習慣化している人は、自分の人生を否定的な方へと向けていることになるのですが、他者の人生をも否定的な方へと巻き込んでいくことになります。意識して発する言葉よりも無意識に発する言葉の方が圧倒的に影響力が強いからです。ネガティブな言葉は、使う当人にも、それを聞く人にも、悪影響を与えてしまうのです。

見るからに幸せが溢れ出ているというような人がいます。そういった人は、自分にも周りにも、心から幸せとなるような言葉の種を蒔き、自分も周りも幸せにする言語体を纏っています。

自分も周りも幸せにする言語体を纏うには、まずは意識して自分と周りが楽しくなるような言葉を主体的に発してみることです。

自分の言語体を変えるトレーニング

自分が口にする言葉が変われば、言語体が変化します。

自分を変えるには、自分が使う言葉を変えることで言語体を変化させていくこと、つまり普段生活の中で口にしている言葉を意識して変えることが大切です。こうクライアントの方にお伝えすると、「頭では理解できても、いざやろうとするとできない」という反応が返ってきます。

その方に対して、わたしは次のようにお伝えするようにしています。

「まず、今までできなかったことなのですから、すぐにはできるようにならないことを理解してください。また、する前からできないことの言い訳を並べて、ネガティブな言葉のシャワーを自分に浴びせ続けることもやめてみましょう。

できる／できないの押し問答をしても何も変わりません。本気で変わりたいのか変わりたくないのかを自分に問い、考え、確認することが大切です。その答えが出たら、それに従うよう自分に言い聞かせ、自分を納得させましょう。その上で、それまで自分が考えていた意識についての理解をいったん白紙に戻し、まっさらな気持ちで自分の意識改革に取り組み、臨んでいく覚悟をするのです。そうして日常生活で使っている言葉を意識して変えていくのです」


とはいえ、本人自身がそう思わなければ、行動に移すことはできませんし、行動に移さなければ変わることもできません。本気で変わりたいという気持ちを持つことが最も重要です。その上で、普段使う言葉を変えていけば、きっとあなたにとってよい効果が現れるはずです。

嘘の言語体

平気で嘘をつく人がいます。

平気で嘘をつく人の言語体は、嘘の言語体で覆われています。何の後ろめたさも感じず平気で嘘をつく人は、一見すると、自分のついた嘘がまかり通っているようでも、嘘の言語体は時間の経過とともに露呈されるようになり、必ず自分に戻ってきます。いろいろなところから辻褄の合わないことが生じて、自分のついた嘘が自分の身体や人生に影響を及ぼすようになります。

これも、西田の「言葉は思想の身体と云われる」の現れと言えます。

ただ、時と場合によっては、どうしても嘘をつかなければならない状況も考えられます。たとえば、誰かを守るために、発しなければならない嘘――。この場合は、考えた末につく嘘であり、平気で嘘をつく人との言語体とは質が異なる、と考えることができます。

⑻「不思議な感情体」の考え方

ライフケアコーチングでいう「感情体」とは、**目に見えない感情を身体に纏っているこ**

とをいいます。

感情体＝自分の感情の総合計＝も変えられる

この感情体は、自分がこれまで生きてきた年数において、自分が意識的に、また無意識に抱いてきた感情から形成されています。

今この瞬間の自分の感情、過去に感じた感情など、意識的・無意識的につくり出された多種多様な感情の蓄積によって形成され、自分の感情の総合計とも言えるものです。

自分のネガティブな感情を無意識に（分別なく）他者に向けて表す人は、自分の身体がネガティブな感情体に纏われていることになります。そうした人は、自覚がないまま他者に迷惑をかけてしまうことにもなります。

ネガティブな感情体を纏っている人は、無意識に分別のない行動に出ることもありますが、そういった人は、困ったことに、周りに迷惑をかけているとか、周りに不快な思いをさせているという自覚がありません。この状況を変えるには、無意識に現れるネガティブな感情に気づき、そうした感情から積極的に一定の距離を取ることを考えなくてはなりません。

また、すぐに感情的になる人や、すぐに他者の言葉や他者の態度に反応してしまうという人は、自分の感情の起伏に気づけるようにならなくてはなりません。

小さなことですぐにイライラしてしまうという人は、「小さなことでイライラする」ことと「自分」を無意識に一致させて、そういった感情体を作っているのですが、そのことが自覚できるようにならなくてはなりません。

では、どうすればよいのでしょうか？

答えは、感情体を変えるトレーニングを継続することです。ネガティブではない感情を自分に纏うことができるように意識して努力するのです。意識的にポジティブな感情（楽しい・嬉しい、など）が持てるよう努力するのです。すぐには達成されるものではありませんが、トレーニングによって、自分の意志の力で、自分の感情体をある程度変えていくことができるようになります。言語体を変えることができるのと同じ理屈です。

自分で変えるという意志を持つ

クライアントの多くの方は、「自分の感情をコントロールできない」と言われます。できないと思う人にはできないかもしれません。その人は、自分の意志で、意識的・無意識的に「できない」ということを選んでいることになるからです。しかし、できると思う人は、必ず自分の感情が少しずつでもコントロールできるようになります。

「自分で変える」という意志（の力）を持つことは、その時点で、意識的に、無意識領域にある肯定的な部分に働きかけ、活性化していることになるのです。

⑼「不思議な思考体」の考え方

思考とは考えることです。ライフケアコーチングでは、**意識／無意識領域で日常考えていることが自分の身体と一致していくこと**を「思考体」と呼んでいます。自分の身体は知らず知らずのうちに自分で気づいていない思考体を纏っているのです。

思考体は、自分の意識／無意識領域で考えている事柄・内容により形成されます。言語体、感情体と、考え方としては同じです。

よくない思考体と自分を切り離す

悪循環から抜け出せない状態に陥っているクライアントの方は、よく「わたしはいつも考えています」と言われます。その方は、明らかに意識の矛先がネガティブな方向に向かっていて、よくない過去の記憶に焦点が当たっているということが往々にしてあるのですが、そのことに気づいておられません。ご自身がよくない過去の記憶をともなう思考体に纏われていて、本来の自分が主導権を持って考えていくということができなくなっているのですが、そのことに無自覚になっています。悪循環に陥った思考と自分とを無意識に一致させているため、そこから抜け出すことが困難になっています。

一方、悪循環から抜け出すことに成功するタイプの方は、考えている自分を注意深く観察できるようになっています。その方は、否定的な思考をする自分（思考体）と一定の距離が取れるようになっています。悪循環に陥っている思考と自分とを一致させず、意識的に切り離しています。

自分の意志で思考体を変える

思考体は、皆さんが日々、自己形成しているものです。自分の思考が常に否定に向いているという人は、まず、自分の思考体もいつも否定的になっていることに気づくことが大切です。このことに気づくことさえできれば、自分をネガティブな思考から切り離していくことができるようになります。この段階まで来ると、自分の思考を生産的、建設的な方へと変えていくことが可能になります。

思考体を変えるのも、日々の地道な訓練が欠かせません。ポジティブな内容のことを意識して考えるように努力するのです。言うは易し、行うは難しです。

⑽　本来の自分に気づく「自覚」の考え方

自分の中において自分を知る

ライフケアコーチングでいう「自覚」は、一般に理解されている自覚とは異なります。一般に理解されている自覚とは、「自分自身が今置かれている立場や状態についてわかること」、「義務や使命などについてわきまえること」など、総じて自己意識のことです。

一方、ライフケアコーチングの自覚は、西田幾多郎の次の考え方に基づくものです。

> 普通に自覚と云えば、単に知るものと知られるものとが一つと考えられるが、私は真の自覚は自分の中に於て自分を知るといふことであると思ふ。（西田幾多郎「働くものから見るものへ」――『西田幾多郎全集』第三巻、岩波書店、二〇〇三年、三五〇頁）

つまり、**自分が自分に於いて自分の本質に気づくということ**です。ここで重要なのは、知る自分と知られる自分と、自分が自分を知る場所が一つである、ということです。

ここでいう「自分の本質」とは、没我的自己のことです。

西田幾多郎はこう言っています。

> 我々の感覚の底に含まれて居る無限なるものは、永遠の過去から永遠の未来に亙つて動きつつあるものである。（西田幾多郎「働くものから見るものへ」――『西田幾多郎全集』第三巻、岩波書店、二〇〇三年、二七八頁）

没我的自己とは、自分が「我々の感覚の底に含まれて居る無限なるもの」と一体になることです。

没我（的自己）というのは、ロゴス的な立場の自己、つまり論理的に考えられた我というものが没して、ピュシス的立場の本来の自己が自己の内から現れることだとわたしは思います。

また、「永遠の過去から永遠の未来に亙つて動きつつあるもの」とは、自然や宇宙のことです。

ピュシスの中の自分に気づく

自覚とは、我が我に於いて、我が没して主客合一の状態となり、論理や理性が優位になっている時には隠れていて気づかなかった自然（ピュシス）にいる自分に気づくことです。

没我的自己が自然と一つであり、全体と一つであり、そうなったうえで自分の本質に気づくこと。さらに、全一なる存在の一部でありながらピュシスの世界に開かれた自由な存在でもあるという本来の自己が立ち現れること。主客合一の状態で本来の自分に気づくこと――ライフケアコーチングでは、こうしたことを「自覚」と呼んでいます。

⑾「目から鱗の気づき」の考え方

「目から鱗が落ちる」とは、自分が生まれてこのかた何の疑いもなく信じてきたことが、あることをきっかけに根底からひっくり返され、それまでの自分の考え方や思考パターンが刷新されること。また、自分にはない発想や考え方に出会い、それまでの自分の考え方の枠組みが外れ、そこから解放され、自由なものの見方や考え方が突然開かれ、物事の本質がわかるようになること、です。

自分が持っていたそれまでの考え方やものの見方、感覚や意識といった内面だけでなく、行動までもが一変することを、ライフケアコーチングでは、「目から鱗の気づき」と呼んでいます。

どうすればそうした「気づき」が得られるかというと、「大なる意識体系」に向かって自分を開いて、虚心坦懐に、先入観なく、ピュシスと一体になる（一致する）ことを心掛けるのです。

いったんこの「気づき」が得られると、それまで自分ができないと思い込んでいたことができるようになったり、無理だと思って諦めていたことが達成できたり、自分が新たなステージに立っていることを実感したり……、こうした不思議なことが起きるようになります。自分のこれまでの行動が一八〇度変わる、といっても過言ではありません。

このことに気づいた瞬間から、自分自身の感覚も激変するようになります。


考え方と同時に感覚・行動、全身が変わること

ライフケアコーチングでは、ものの見方や考え方が変わっても、感覚（行動）もともに変わらなければ、本質的な変化とはいえないと考えています。意識だけ、あるいは行動だ

⑾ 目から鱗の気づき

けが変わることによって一度はよい結果が出たとしても、長期的に見れば、また元に戻ってしまうケースが多いのです。つまり個人の意識、言葉、感情、思考、行動と身体――これらすべてをひっくるめた全身が変わらなければ、本質的な変化とは言えません。

ここでいう「気づき」とは、自分のある一部の変化だけではなく、わたしという個人全体が変わることでなければならないのです。

⑿　無意識領域からの答えを待つ「自問他答」の考え方

「自問自答」とは、文字通り、自分で問いかけ、自分で答えを出すことです。「自問他答」とは、ライフケアコーチングの造語で、自分に問いかけ、他（大なる意識体系）からやってくる答えを待つことです。

クライアントの中には、自分の固定概念や既成概念、または一定の思考パターンに縛られてそこから抜け出せず、同じことを繰り返し続けて出口が見つからず、自分自身に焦りや苛立ちを感じているという方がいます。その方は言わば、「自問自答」を繰り返しているので、わたしは、この「自問他答」のトレーニングをすることを勧めます。

自問他答のトレーニング

「自問他答」をする際に大事になるのは、まず、自分の問題は自分で問うて、自分で答えを出さなければならないと思い込んでいる自分を一旦脇に置いてみることです。

次の段階は、自分の問題を自分に問うてみて――ここまでは「自問自答」と同じです――、答えについては、自分で出そうとせず、現在の自分を包みつつ、それをも超えた「大なる意識体系」から、必ずやってくると信じてひたすら待つのです。

頭で理解してわかることではありませんが、実際に、何度も挑戦することで、「他答」が感得されるようになる瞬間があります。諦めずに続けてみてください。

大なる意識体系、無意識領域からの答えを待つ

前述したように、意識は、わたしたちが気づいている意識（仏教思想では六識）の領域よりも、無意識の領域（仏教思想でいう七識以降）の方が遥かに深く広く、全体が途切れることなく、永遠の過去と永遠の未来の間を動いています（↓52ページ参照）。

こうした無意識領域からの答えは、自分が望むタイミングでは答えはやってこないかもしれません。でも、問い続けていけば、必ず答えはやってきます。無意識領域はひとときも休むことなく、動き続けていて、あなたとの「一致」を包んでいるからです。

第三章　ライフケアコーチングの実践事例

(1) 「自己受容」

♣事例1　内なる生命と一致する自己受容（Hさん　40代　女性）

（基本情報）

Hさんとの出会いは、二〇一二年五月にわたしが京都で主催した「心とからだが楽になるワークショップ」でのことでした。Hさんは、知人に誘われ、京都に遊びに行くつもりで申し込んだのだと、随分後になって教えてもらいました。

実はHさんはその前日に、身体的にも精神的にも大打撃を受ける問題を抱えることになっていたのですが、それにもかかわらず、参加をキャンセルしようとは思わなかったそうです。

最初の出会い
当日、わたしはいつもと同じようにワークショップを進行しようとしていました。でも、どう見ても普通の状態ではないHさんを前に、わたしはどうしようか迷いました。Hさんは、遠方から初めてのワークショップへの参加で緊張と疲れが出たというよりも、からだ全身に何か異変が起きているのが、誰にも一目瞭然でした。

Ｈさんは普通に椅子に座っていられませんでした。からだを前かがみにし、頭を抱えうつむいて、しんどそうで、計り知れない痛みに耐えているようにしか見えませんでした。

しばらくして、その痛みはＨさんの許容量をオーバーしてしまい、突然参加者全員に聞こえる大きな声で訴え始めました。

「喉が腫れて歯が痛い！」

Ｈさんは全身に起きている痛みと闘いながら言葉を発しているように見えました。得体の知れない痛みを訴え続けるその様子は、その場の雰囲気を一変させてしまう程でした。

わたしは、Ｈさんの状態を見て、進行を中断せずにはいられませんでした。

そして、その場にいた参加者全員の同意を得て、通常のワークショップから、Ｈさんの公開ライフケアコーチングに切り替えることにしました。

終了間際、わたしはこう質問しました。

「今、どう思っているのか、話して頂けませんか？」

「わたしは今まで自分に対して、ずっと不誠実でいました。これからは、自分に正直になりたい、そして誠実になりたい……」

それを聞いて、わたしは次のように伝えました。

「Hさん、よくそのおからだの状態で最後まで頑張ってくださいました。そして今正直にご自分の気持ちを伝えてくださったことに感謝します。今ここで口にされた言葉を、今後は体現していきましょう。今日はここでの時間を通して、ご自分の心の中の切実な思いを聞き取ることができたのではないでしょうか。どうかご自分の内なる声を大切にしていってほしいと願っています」

Hさんとは、この出来事をきっかけに、月に2回、電話でライフケアコーチング・セッション（以下セッションと略記）を行うことになりました。

初回セッション

セッションはわたしの質問から始まります。

「Hさんは、自分に正直になりたい、誠実になりたいと宣言されましたが、今、自分のことをどう思っていますか？」

「わたしは自分のことが好きではありません」

「では、何をどうすれば自分のことが好きになれると思いますか？」

しばらく考え込んでいたHさんから聞かれた言葉は、……「わかりません」。

わたしはこう続けました。

「Hさんが今のご自分を好きではないということはわかりました。正直に自分の思いを伝えてくださったことに感謝します。先日、Hさんはわたしに「自分に正直になりたい、誠実になりたい」と宣言してくれました。そのことをこれから考えていきましょう。

自分に誠実になるというのは、自分が自分と一致する、ということです」

「自分が自分と一致する、とはどういうことですか？」

「今、ご自分が知っている自分と一致する、という意味ではありません。自分の中にある生命・いのちの灯に目を向け、それらと自分を一致させる、ということです。

さらに、一致とは愛するということですが、そこに到る前の段階として、まず、これまでのご自分への見方やご自分への評価、捉え方、考え方を一旦脇に置いて、それを忘れてしまう、没にするということから始めましょう。

次に、自分が今新しく生まれ変わったという気持ちになること。自分が知らないことは知らない、わからないことはわからないといった謙虚な気持ちで、自分の固定観念が外れたところから全てが始まるのです。

最終的な目標は、自分が自分の生命を愛し、自分と生命とを一致させるようになることです」

「自分の生命に目を向けて見ることなど、思いも考えもしませんでした。でもやってみます」

経過

数か月が経過した頃、Hさんに変化が現れてきました。話の聞き方が変わってきたのです。

それまでのHさんの聞き方は、瞬間湯沸かし器のように、すぐに答えを提供するのがいいと考えていて、わたしの話が終わらないうちに話を中断して答えを次々と口にしていく、というものでした。Hさんの頭の中は、四六時中休みなくフル回転しているようにわたしには感じられました。

ところが、いつの間にか、Hさんの聞き方は以前とは異なり、落ち着いて心で聞いてくれている、と感じられるようになりました。

電話で話をしていても、互いに心地よい沈黙の時間が流れたり、対話の中にもほどよい間《ま》が感じられたりするようになりました。それまでは、Hさんの話すテンポが速かったり、テンションが異常に高かったり低かったり、呼吸が浅く感じられたりして、合わせるのが難しいと感じることもあったのですが、それも気にならなくなってきました。さらに嬉しいことに、互いの心が通いあい、わかりあえていると実感できるようにもなりました。

気づき

セッションの中で、わたしはこう尋ねました。

「自分が自分と一致するとは、どういうことだと思いますか？」

「北村さんはそれは、「自分が自分の生命を愛する」ことだとおっしゃいました。そのことをずっと考え続けています。

わたしは、自分には誠実な面と不誠実な面、両面あると知っていて、不誠実な方を大きく強くしていた自分が好きではなかったのです。でも、北村さんが言われた「自分が自分の生命を愛する」ということを考えていると、ある時、そのことが急に納得でき、それまで自分が自分で周りの人たちにしてきたことが自分を苦しめていたのだ、ということに気づきました。それまでは、自分を苦しめているのは、何の疑いもなく自分の周りの人たちだと思っていたのです」

「自分を苦しめていたのは自分だということに気づかれたのですね」

「はい。わたしが不誠実に生きようが誠実に生きようが、わたしの生命はずっと前から変わりなくわたしの中にあって、わたしがそのことに気づけなかったのだ、ということに気づきました」

「今話してくださったことは、わかりました。では、今話してくださった気づきに至るまでのプロセスを話して頂けませんか？」

気づきに至るプロセス

Hさんは、少し間をおいて次のように語り始めました。

「初めて北村さんのワークショップに参加して、その最後に、北村さんが今のわたしの気持ちを尋ねてくださいました。そしてわたしは、「今まで不誠実でした。これからは誠実に生きていきたい」と答えました。そのことを家に戻るまでも、戻ってからも、ずっと考えていました」

「そうでしたか」

「なぜわたしは「不誠実だった」と答えたのか、そして、なぜ「これからは誠実に生きたい」と答えたのか――このことをずっと考えていて、わかったことがありました」

「何がわかったのですか？」

「北村さんのワークショップに参加する前日に、人生が引っくり返るような出来事が起こりました。それでもなぜか、京都のワークショップに行くという気持ちは揺るがなかったことが、今振り返ると不思議です。「誠実に生きていきたい」というわたしの言葉は、わたしのからだの叫び声だったということがわかりました。ワークショップの場が、誠実な場だと感じられたことも作用していたかもしれません。北村さんのワークショップは体験学習で、からだを使ったワークが中心にあって、北村さんがお話をされる時間はとても短いものでしたが、その短い時間の中で話されていたこと一つひとつが、わたしのからだに異変を起こさせたのだと思います」

「わたしの話したことの何がHさんに異変を起こさせたのですか？」

「異変を感じ始めたのは、北村さんが「言葉は生きています」とおっしゃったときです。他にも色々あったと思いますが、その話を聞いた後から、わたしは、それまで自分の心で思っていることと口で話していることとが、全然違っていたことに気づいたのです。もっと言うと、それまでのわたしは平気で嘘をついていました。平気で嘘をついているから、どれが私自身の本当の気持ちで、どれが嘘なのか、自分が自分で自分をわからなくしていた、ということに気づいたのです」

「からだの異変というのは、どんな感じですか？」

「何とも表現しにくいのですが、お腹のあたりがぐにゅぐにゅした不快感を自分に与えてくるのです。そのからだの異変で、わたしはそれまで自分の話していることと、心で思っていることが全然違っていたということを、自分が自分に思い知らされているという感じでした」

わたしは、改めてこう質問しました。

「自分のからだの異変を感じてわかったのですね。それは、ご自分の感覚が自分に不快な違和感として働きかけてきたからわかったということですか?」

「はい、その通りです。

北村さんに会う前からも、からだの痛みやだるさ、倦怠感はありましたし、からだが重く、しんどいと感じるのは慢性的なこと、いつものことだと思っていました。

ですが、北村さんのワークショップで感じたからだの異変は、それまで自分が感じていたものとは違って、からだがわたしに何かを訴えかけているようなものだったのです」

「そうでしたか。気づいていくプロセスには、自分のからだから教えてもらう感覚があったということですか?」

「はい、そうです」

「Hさんは以前から「慢性的なからだの痛みに悩まされている」と伝えてくれていましたね。そのからだの痛みは、ただただHさんを苦しめるものであり、からだの痛みはHさんにとって苦痛でしかないものと思われました。その時の異変は、それまでのからだの痛

み と何がどう違っていたのですか？」

「よくわかりません……」

そう答えてから、Ｈさんは次の言葉が自分の中から出てくるのを待っているように感じたので、わたしもしばらくそれを待つことにしました。

Ｈさんはふたたび口を開きました。

「自分が考えてわかったということではありません。ただ、今、北村さんと振り返って思うのは、「心とからだが楽になるワークショップ」に参加しているにもかかわらず、なぜ、（この場で）からだの痛みが最高・最大に襲ってやってくるのだろうかと不安に感じていた、ということです。どういうことかというと、自分の心の中の複雑な思いが錯綜して、同時に、からだの痛みからくる不快感と嫌悪感も感じていたということです。それは怒りの感情までともなっていました。

ですが、もう一方で、ワークショップで話をされている北村さんや、この場自体がとても誠実なものだ、とも感じていました。こういった私自身の正反対の思いや葛藤が、からだの異変を増大させていったのだと思います。そのあとは、あの場に参加されていた方々がご覧になった通りです」

「そうですね」

「いつものわたしでしたら、からだの痛みがやってきたら、からだに対して、またわたしを苦しめよう、痛めつけようとしているのだと思って、からだ全身に力が入り、何とかその痛みに抵抗しようと必死になってもがいていたでしょう。ですが、ワークショップの最中に起きた私自身の葛藤に気づいた時は、不思議なことに、からだの痛みに対して無駄な抵抗はやめようと思ったのです。そう思った瞬間、からだの力がふっと抜けたのです」

「あの時のことを振り返って、今、そう思うということですか？」

「はい、そうです」

「Hさんのからだの痛みは、以前もHさんに痛みを通して何かを訴えかけていたということですが、Hさん自身はそのことに気づかず、痛みと自分を一致させて苦しんでおられたのだと思います。今は、ご自分のいのちとご自分を一致させることができているのではないでしょうか。つまり、自分を大切にしようと思う気持ちがあるので、自分を助けようとする自分の内なるからだの声に素直に耳を傾けることができるようになったのだと思います」

最後にHさんは、こう言ってくれました。

「この年齢になって、自分を振り返って反省するということはありませんでしたが、自分のからだの痛みを通して知ったこの気づきは、ありがたいことだと感じています」

現在

その後、Ｈさんは自らの意志で、幼少時から住んでいた土地を離れて、京都へ住まいを移しました。現在は、Ｈさんの希望により京都で対面セッションを続けています。Ｈさんのさらなる変化については、１３４ページ以降の事例3をご覧ください。

〈援助のポイント〉

最初の出会いで、Ｈさんは「これからは自分に正直になりたい、そして誠実になりたい」と答えてくれました。本人自らが出した「よくなりたい」という思いを、どこまでも信じて関わり続けるという（援助側の）姿勢が大切です。

〈気づきのヒント〉

自分に不誠実だと思う人は、自己受容のトレーニング――自分を大切にし、自分と生命との一致について、普段から思い描き、考え続けること――をやってみると、Ｈさんのような変化が訪れるようになります。

(2)「自由意志」

♣事例2　自分を自由にする自由意志（Sさん　40代　女性）

（基本情報）

Sさんは、福祉関係の大きな組織で対人援助者として二〇年近く勤務されています。役職は管理職。

Sさんとのライフケアコーチング・セッション（以下セッションと略記）は、ひと月に一回、スカイプで行っていました。

Sさんは、理不尽な上司からの命令と、対人援助職を希望し就職してきたにもかかわらず、仕事ができない理由を正当化する部下との狭間で心身ともに病んでいました。

経過と変化

セッションを開始して半年以上が経った頃、Sさんに変化が現れてきました。一方的に苦しさを吐き出すだけのセッションから、「何とか現状を変えていきたい」と口にされるようになったのです。

始まりは、Sさんの悩みの9割が、部下についての悩みだということに気づいたことです。特定の部下数名が、自分を悩まし続けていたことに気づいたのです。

部下は、次のような言動を繰り返していました。

遅刻。体調不良による早退。欠勤。仕事の放棄。責任感のない身勝手な行動。仕事の内容を充分に理解せず自己判断で進めようとする。周りの迷惑を省みない暴言を吐く。被害者意識が強く、失敗を認めず自分を正当化し続ける。……

また、次のような不平不満を言い続けていました。

「自分は頑張っていても誰からも認められない」

「自分がしている仕事は組織からもっと高く評価されるべきであり、自分の待遇をよくするべきだ」

「自分の仕事がスムーズにいかないのは、自分の足を引っ張るあの人のせいだ」……。

わたしはSさんに「自由意志」の考え方を伝えました。

Sさんは、その考え方を理解し、わたしにこう話してくれました。

「わたしはこれまで、自分を悩ます部下について、何とかうまく教育し、対人援助者として成長してほしいと願ってきました。それらの全部を引き受けようとしていました。でも、そうではないのですね。自分の自由意志で、自分には無理だと思うことは選ばないと決めることができるということなのですね」

誠実なSさんは、客観的に自分を省みることができない部下に対して、無責任な言動もすべて自分の責任だと感じ、自分で部下を何とかしなければならないと考えていたのです。

Sさんは「自由意志」の考え方を知ることで、自身の思い込みが外されていきました。

その後、Sさんは、自分を悩まし続けていた部下数名と精神的距離を明確に取ることを自ら決めました。次に、苦情を言い続ける部下や、組織に適応する努力もせず、自己主張だけを続ける部下に対して、対人援助職に自分の資質が向いているかどうかを考える時間を与えました。

Sさんは、答えを出してきた部下に、次のように伝えました。

自分がやりたいと思う仕事でも、自分には合わない場合もあること。自分が努力して就職した組織であっても、実際に仕事を始めてみて適応するのが無理だと思うなら、無理だと思うところに留まり続け、自分にも周りにも迷惑をかける人生を選ぶことはないこと。

Sさんは部下に「自由意志」の考え方も伝えたとのことです。

人は誰でも自由意志を用いて自分の人生を選ぶことができること。自分の人生が幸せだと感じられ、自分にも周りにも迷惑をかけない理性ある生き方を、自分が選び取ることができること——。

Sさんは上司に相談し、勤務時間内に部下の個人的な相談にのることを仕事の一部として認めてもらったとのことです。

こうして、Sさんの心労は解消していきました。

〈援助のポイント〉

Sさんは悩みの正体が自分の問題ではなく、特定の部下数名の言動だと自覚したことで変わることができました。この自覚を促しつつ、「自由意志」の考え方を紹介するように援助していくことが大切です。

〈気づきのヒント〉

真面目な方ほど、周りによくないことが起きると最初に自分を責めてしまいがちです。真面目な方は、無意識に犠牲的精神の持ち主になっているのです。まずは「自由意志」の考え方を理解することから始めましょう。何を選ぶかは本人次第です。

(3) 「沈黙の世界」

♣事例3　見ている世界が変わる沈黙の世界（Hさん　40代　女性）

（基本情報）
「自己受容」の事例として紹介したHさん。京都に移られてからは、Hさんの希望で、セッションを電話から対面に切り替えました。

家族の問題

対面セッションに切り替えて、わかってきたことがありました。

Hさんが、過去に起きた家族や親族間での様々な問題に今も悩まされ、苦しんでいるということです。電話セッションの時には、気づかなかったことです。対面セッションで直接会って話ができたからこそ、変化を目の当たりにすることができたのです。

明るく軽やかに進んでいたHさんとのセッションが、家族や親族間の話に及ぶと、瞬く間にHさんの表情が険しくなり、全身から感じられる雰囲気も、重く暗いものになるのです。

Ｈさんにとって、他者との距離を上手にとることは大変難しいことでした。心の何処かで自分とは合わないと感じている人とも何とか合わせようとして、無理な人間関係をつくっていたのです。人に対しても、どことなく不信感を抱いているようでした。

数回の対面セッションを通して、問題の根底にあるのは、Ｈさんが抱えている家族や親族との間のネガティブな記憶であることがわかりました。

祖父母が一代で築かれた会社を中心に、Ｈさんが生まれる前から、一族には、創業者一族としての絆、結束感があったということです。

そういった環境のもとで育ったことが、Ｈさんの自己形成に強い影響を与えていました。ところが、Ｈさんにとって唯一守られ安心できるところだったはずの環境が、一族に降りかかったある問題を境に、一気に家族と親族間の分裂を引き起こし、修復不可能なまでに崩壊してしまったのです。存在基盤が根っこから失われたＨさんは、家族や親族が自分を裏切ったとしか理解できなくなってしまいました。

京都へ引っ越した最大の理由が、家族や親族との間のネガティブな記憶をなくしたいという気持ちが大きかったこともわかりました。無意識に話すネガティブな記憶が、Ｈさんの心もからだも蝕んでいることがわたしにはよくわかりましたが、Ｈさん本人はそのことには気づいていませんでした。

沈黙のトレーニング

わたしは、Ｈさんに「沈黙の世界」を理解してもらうことが必要だと感じました。

「Ｈさん自身に楽になっていただくために、これから「沈黙のトレーニング」に取り組んでほしいと思います」

「はい、沈黙のトレーニングがどういうものかわかりませんが、楽になれるのならやってみたいと思います」

「では、今から始めてもいいですか？」

「はい」

「「沈黙」と聞くと、多くの人は、まず、黙って静かにしていることを連想されますが、わたしが伝えたい沈黙はそういうことではありません。

言葉を発さず、口を開かなくても、頭の中で自問自答している声や分析、判断、評価している声があります。また、心の中からわき上がってくる声もあります。それらは、自分が止めようと思ってもなかなか簡単には止められないと思います。

また、思うこと自体をやめようと思っても、思考や感情は自分でコントロールすることは簡単ではないということを、これまでに実際に体験されているのではないでしょうか。やめようと思えば思うほど、考えたくない否定的な考えや思い出したくない否定的な思いが、次から次へとわいてくるという体験です。

こうした自分の内なる声や思い、感情を黙らせることをわたしは「沈黙」と呼んでいます。自分の内側の声を相手にせず、頭も心も何もない空っぽな状態になること、自分の意識を静かに静寂な場に保つことがわたしのいう「沈黙」です。

……

とにかく、まずは2分間、実際に「沈黙」を体験してみましょう。目を閉じてください。そして、わたしが声をかけるまで、今お伝えしたことに取り組んでみてください。では始めます」

「はい」

わたしは2分間が経過したのを確認して、呼びかけました。

「Hさん、目を開けてください」

Hさんがゆっくりと目を開けました。

「どんな時間でしたか?」

「はい、口を閉じていても、頭なのか心なのかよくわかりませんが、休むことなく思いや考えが次から次へとわいてきて、思いたくない、考えたくない、静かにしたいと思っても、自分のその思いとは逆に内側の声に巻き込まれていきました。その声を止めたくても、どうすればよいのかを考えれば考えるほど、また次の思い出したくない過去がわき起こってきて、その記憶と自分との闘いのような感じで時間だけが過ぎました」

「ありがとうございます。

わたしのいう沈黙を実現するには、どのくらい時間が必要になるのかは、人によって異なります。ですが、諦めずに取り組み続ければ、必ず、実感することができると思います。どうか取り組みを続けてほしいと思います。

そしてくれぐれも覚えておいてほしいことは、この沈黙は、ただ黙る、口を閉じることではないということです。自分の中の内側の様々な声を静かにさせることです。これは、自分の本質に近づく訓練です。

人はすぐに結果ばかりを求め、プロセスを軽視しているように思います。わたしのお伝えする考え方（実践法）の一つひとつは、結果ではなく、プロセスに意味があるのです。プロセスを通して、今まで気づかなかったことに自らが気づけること。また、自らが自らを省みることは、過去・現在・未来を変えていく力にもなります。

人間は、加齢と共に肉体は老いていきますが、自己を省みて学び続ける人にとっては、年齢に関係なく、精神や心や意識をさらに成長させていくことができるとわたしは思います。

現在の自分を変えたい、変わりたいと思っているのであれば、今の自分に気づき、自分を反省しなければ、いくら新しい行動を起こしても変わることがありません。自分の意識が変わらなければ、たとえ表面的には変わることができたとしても、すぐに元に戻ってしまいます」

「わかりました。訓練を続けてみます」

経過と変化

数か月後――。

Ｈさんがこう口を開きました。

「沈黙のトレーニングに取り組み続けて来て、わかったことがあります」

「何がわかったのですか？」

「わたしの中には、怒りや憎しみ、恨みや悲しみ、怖れや不安、不満というものが、なくしてもなくしても、底なし沼のようにある、ということです。沈黙のトレーニングは、私自身を静寂な時間、平和な時間に連れて行ってくれると思って取り組んできましたが、取り組めば取り組むほど、自分の嫌な自分、見たくない自分、知りたくなかった自分を思い知らされることになりました」

落ち着いた、静かな口調でした。

わたしはこう答えました。

「沈黙のトレーニングに真摯に取り組んでくださり、ありがとうございました。また、正直に今の自分の気持ちをお話ししてくださったことに感謝します。今のHさんの気持ちはよくわかりました。

これからはどうしたいと思いますか?」

「私自身の家族や親族に対するネガティブな思いが、どれだけ自分を内側から自分を攻撃していたのか、わかりました。過去にあった家族や親族との間の出来事は、「一生許せない」と思っていましたが、その許せない思いは、自分が自分に対して、「一生許せない」と内側から攻撃し続けていたのだということに気づきました。

そこで思ったことがあります。

次にこの気持ちと向き合うには、どうすればいいのですか?」

「沈黙のトレーニングを通して、それまで外に向けられていると思い込んでいた自分の許せない気持ちが、実は自分の内に向けられていて、自分のことを無意識に許せない人として、自分で自分を内側から攻撃し続けてきた、ということに気づかれたということですね」

「はい、そうです」

「それは、Ｈさんが真摯に自分と向き合う時間を作ってこられたからこそわかったことです。引き続き、沈黙のトレーニングを継続してください。

そして次は、自分の中から否定的な考えや思いがわいてきたら、自分の呼吸に集中して、みてください。できる限り、集中して、普段の呼吸を腹式呼吸に変えるようにしてみてください。できる限り、ゆっくりと、深い呼吸にするということを意識して取り組んでください」

「わかりました。やってみます」

呼吸のトレーニング

さらに数か月後――。Ｈさんからわたしに質問が来ました。

「沈黙のトレーニングに「呼吸」を取り入れてやってみましたが、うまく呼吸ができているると思う時とそうでない時があります。数か月間し続けましたが呼吸が安定してきたとは思えません。どうすれば呼吸が安定してくるのですか？」

「数か月間、「呼吸」に集中して取り組まれたことは、凄いことだと思います。すぐに結果が出るものではありませんが、わたしは、必ずよい方へと向かっているという確信を得ました。Hさん全体から落ち着きが感じ取れるからです。

呼吸がうまくいったと思う時は、きっとHさん自身が楽になっているのだと思います。そうでない時は、呼吸が終わっても、または、呼吸をしている最中でも、何か呼吸に集中できなかったり、意識がネガティブな方に向いたりして、Hさん自身がしんどく感じていたのではありませんか？」

「はい。うまく呼吸ができたと思う時は、気持ちもからだも楽になっていて、今まで滞っていたいろんなことがすぐに解消されたような気分になり、実際に、頭で考えていただけで、実行できなかったことに挑戦したり、意欲や活力が自然にわき上がってきて、とても楽しい感じがします。逆に、呼吸がうまくできていないと感じる時は、実際にもうまく呼吸ができていなくて、しんどいと感じています。それでも、やり続けて来て変わってきたことがあります」

「何が変わったと思われるのですか？」

「「呼吸」を取り組み始めた時やしばらく呼吸を続けてしんどいと感じる時は、自分以外の誰か他の人や外側に自分の否定的な感情の原因を探そうとしていました。つまり自分のしんどさは、自分に原因があるのではなく、自分以外の誰か他の人や外側に原因があって、わたしを苦しめていると思い込んでいたのです。ですが、この沈黙のトレーニングと呼吸を始めてから、少しずつですが、自分のしんどさや苦しさは、自分に原因があるのではないのだろうかと思い始めるようになったのです」

「これまで自分のしんどさや苦しさの原因は、自分以外の他者や外側に原因があると思っていたのに、なぜそれが自分に原因があると思うようになったのですか？」

「沈黙と呼吸のトレーニングをし続けても、底なし沼のように自分の中からネガティブな思いや考えや感情が延々と中断することなく出てくるのを、自分が自分で思い知るのです。自分で気づいたというより、「思い知らされた」という表現の方が近いと思います。

それも自分が自分に対して詰め寄ってくるといいますか、気づいていないネガティブなものは自分の中にあるのに、なぜいつまでも誰かや外側、過去のせいにして、自分を改めようとしないのか、自分を客観的に見ようとしないのか——と、自分が自分に迫ってきて、問い続けられ、まるで自分が自分に対して、「いい加減に心を改めなさい、性格を変えなさい」と言っていると感じられるようになるのです」

「そうでしたか。

沈黙や呼吸のトレーニングを実際に継続して体験されたことは、自分の苦しい状態は、外側に原因があると思い込み、自分の苦しさを取り除くための矛先を外側に向けていたけれど、実は自分の苦しさの原因は、自分にあることに気づいたということですね？」

「はい、その通りです」

「Hさんは呼吸がうまくできていると思う時とそうでない時とがあり、呼吸を通してそれまで気づかなかったことに気づかれました。だとすると、呼吸がうまくできていない時、自分が気づいていない何かに気づかせてもらえている、とは考えられませんか？」

Hさんはその答えを必死に考えているようでした。

わたしは少し待って、次のように尋ねました。

「Hさんは、今何を考え、これからどうしたいと思っていますか？」

「今、お話ししていることは、沈黙や呼吸のトレーニングが終わってから、しばらく経って気づいたことです。訓練の最中は、そのことに集中していて何かに気づくという思いもなくそこにいます。ただ振り返る時間を取っている時に、気づくのです。

また、今は冷静にお話ししていますが、沈黙のトレーニングに自分が留まれないと思う時や、呼吸がうまくいかない時は、言葉で言い表せないくらい苦しく、とてもしんどいと感じています。よくない今の自分の状態から抜け出たいと思って取り組めば取り組むほど、その何倍もの勢いで元に戻され、更に混沌とした場所に連れて行かれる気持ちになります。言葉にすると、とても簡単に聞こえてしまうと思うのですが、この気づきに辿り着くまでには、自分が自分と闘う途方もない時間がありました。その闘いからは絶対に逃げられません。

逃げられたと思ってもそれは一時のことで、それはまた確実に自分に戻ってきて、それと向き合わざるを得ない状態に追い詰められるのです。

沈黙と呼吸のトレーニングは、自分の見たくない、知りたくない自分を見せられる覚悟のいる作業だと思います」

劇的な変化

対面セッションが始まった時、Hさんは、「自分の両親は亡くなっています」と話していました。しばらく経って、「父親は健在である」と話してくれるようになりました。

Hさんは、ある過去の出来事を境に、自分の中から父親を消してしまっていたのです。ところが沈黙と呼吸のトレーニングを積むことで、自分の心の在りように気づくようになり、父親に対する否定的な文脈が一変しました。今では、こう言ってくれます。

「今は父が健康で元気でいてくれるだけで感謝しています」

その後、Hさんには、意識や行動にさらなる変化が表れています。小さな変化は日常的に起きるようになっていて、慢性的な不眠症やからだのだるさ、倦怠感、周期的に鬱的な症状が出てくることもなくなっています。

そして、喜ばしい、もっと大きな変化も。母親の十三回忌の法要に家族全員が初めて集まることができたのです。場を取り仕切ったのは、なんとHさんでした。

Hさんのさらなる変化は、200ページ以降の事例10をご覧ください。

〈**援助のポイント**〉

ライフケアコーチングの沈黙のトレーニングは、援助者も実際に自分で体験してみないと理解するのは難しいかもしれません。援助者自身も体験しておくと、クライアントに言葉以上の説得力を与えます。

〈**気づきのヒント**〉

自己分析することが習慣になっている人は、黙っていても頭がフル回転し次から次へと沸き起こる内側の声を抑えることができません。このとき、自分のからだに力が入っていませんか？　まずは身体に意識を向け、リラックスするところから始めてみましょう。

(4) 「想像力」

♣事例4　時空を超える想像力（Jさん　20代　女性）

（基本情報）

Jさんは20代という若さで製造業のある一つの店舗を任されていました。彼女には数人の部下がいて、中には年上の女性の派遣社員がいました。Jさんはいつも「今の自分の役職は自分の身の丈に合っていないと思う」と話し、職場の人間関係に悩んでいました。

また、わたしと出会う数か月前から心療内科に通院していました。自分ではどうすることもできない倦怠感と不安から、不眠にも悩まされていました。

Jさんとのセッションは、月に一度対面で行いました。

経過と変化

話を通して窺い知るJさんは、一見おっとりしているように見えるけれど、とても真面目で几帳面、人一倍責任感の強い方という印象でした。その印象が、そのまま、20代という若さで組織の管理職に選ばれた理由ではないかと思いました。

何回ものセッションを重ねて、二つのことがわかりました。

一つは、Jさんは、人を押しのけてでも上の地位・役職に上がりたいと考える性格ではないこと。もう一つは、Jさんを不安にしていたのは、年上の女性の派遣社員の言動だということ。

セッション中の話の9割は、Jさんが意図しなくても、その派遣社員のことでした。真面目なJさんは、その方が正社員を希望していたので、できる限り力になりたいという思いが強かったのです。上司として、部下が仕事を覚え、正社員になるために頑張りたいという気持ちを応援したいというのは当然のことかもしれません。しかし、詳しく話を聞いてみると、本当にその部下が正社員になることを希望しているとは思えない言動を取っていることがわかってきました。

Jさんは、「その部下が正社員を希望していて、何とか自分ができる限り応援したい」という文脈の中に、Jさん自身が縛られ、雁字搦めになっていることに無自覚のようでした。人一倍責任感が強く、真面目なＪさんだからこそ、年上の部下の筋の通らない話や理屈の通らない話を本気に受け取っていました。

部下の常識のない言動――分別なく自分の感情を表に出したり、平気で暴言を吐いたり、当たり前のように不平不満や愚痴をぶちまけたりする状態――を、自分のせいかもしれないと思い込んでいました。その部下になかなか話が通じないのは、自分の伝え方や言葉の選び方に問題があるのではないかとさえ考えていました。自分をネガティブに捉え、自己嫌悪に陥り、自分を責めていました。

わたしはＪさんに次のようにお伝えしました。

「Ｊさんは、部下を思うがゆえに、部下と自分を一致させ、部下に振り回されているように見えます。その部下の方は、冷静に考えれば、本当に正社員を希望しているのかも疑ってしまうほどの、分別ある大人とは思えない言動をされているようですが……」

Ｊさんは、黙って考え込んでいました。

続けてわたしはこう切り出しました。

「『想像力』という言葉はご存じだと思いますが、わたしがＪさんに使っていただきたい『想像力』は、何かをイメージするとか空想・妄想することではありません。相手の立場になって考えてみるということです」

「わたしが年上の派遣社員の女性の方の立場になって考えてみるということですか？」

「はい」

Ｊさんはしばらく何かを考えているようでしたが、遠くにある一点を見つめながら、意識をその一点に集中させているように見えました。時折目を閉じながら、深い呼吸を何度も繰り返しているのが印象的でした。

30分ほどが経過し、Ｊさんはしっかり目を開けてこう語り始めました。

「年上の派遣社員の女性の方の立場になって考えてみると、見えてきたことがあります。話の筋が通っていないばかりではなく、口に出して言っていることと心の中で思っていることと行動とがバラバラになっていることに本人自身が気づいていない、ということです」

「Ｊさんはこれまで、その方に話が通じないと思うのは、自分の伝え方や言葉の選び方に問題があるといっておられましたが、今は、どう思いますか？」

「『想像力』をと言われ、正直戸惑いました。でも、相手の立場になって考えてみるという、思いやりの心をもって考えてみたからこそ見えてきたものがあります」

「何がどう見えてきましたか？」

「まず見えてきたのは、彼女が物事を深く考えない人だということです。その場その場で起きたことを処理することに精一杯で、失敗を繰り返さないためにはどうすればよいのかを考えたりすることがありません。また、学習する能力にも欠け、責任感もありません。わたしは、部下の「頑張って正社員になりたい」という言葉だけを何の疑いもなく信じて、その人自身の本質を見ていなかったのだ、と反省しています」

その後、Ｊさんはその部下の方の個人的な話や相談に積極的には乗らないと決め、相手に振りまわされなくなり、心療内科に通院せずにすむようになりました。

年上の派遣社員は無断欠勤が続くようになり、退職されたということです。

〈援助のポイント〉

部下を指導していく立場の人は、相手の立場になって考えるよりも先に、相手を動かすにはどうすればよいかを考えがちです。相手を動かすにも、まずは相手の立場になって考える視点が大切。そのことに気づいてもらえるように援助しましょう。

〈気づきのヒント〉

職場などで部下や同僚との関係に悩んでいる人は、相手の立場になって考え、客観的に、互いの距離を一定に保つようにすることがお勧めです。

(5)「創造力」

♣事例5　未知の楽しさに出会う創造力（Aさん　40代　女性）

（基本情報）
　Aさんと初めて会ったのは、アメリカの心理学者のもとでカウンセリングを学んだという日本人カウンセラーの主催するワークショップにおいてでした。その場で最後に行われたワークを通してわたしはAさんと関わることになり、わたしたちは交流を深め、次に会う約束をしました。

二人での最初の出会い

　わたしたちはたわいのない話を交わしていました。たわいのない話をしながらも、Aさんから伝わってくる、言葉よりも確かな印象がありました。とても穏やかで落ち着きのある人だということ、一つひとつの話に教養の高さと知的レベルの深さが感じられること――才色兼備、頭脳明晰というのは、こういう人のことをいうのだろうと思いました。

わたしは、Ａさんに強く興味がわき、質問しました。

「今、どんな仕事をされているのですか？」

「無職です」

わたしは驚きを隠せませんでした。Ａさんが何の仕事もしていないというのが、非常に残念に思えたからです。話しぶりから、わたしはＡさんのことを、社会的立場（地位）の高い方か、重要なポストで仕事をされておられる方に違いないと思い込んでいました。

「現在無職だという意味ですか？」

「はい」

「以前はどんな仕事をされていたのですか？」

「医療従事者で、病院に勤務していました」

わたしはＡさんにますます興味を覚えました。

話から、Ａさんについて次のようなことがわかりました。二つの国立大学を卒業して、一つ目は大学院まで出ているということ。その後就職したが物足りなさを感じて離職したこと。さらに医療従事者への道を志望し、大学に入りなおしたこと。

また、わたしと出会う数か月前に、大学から就職時まで長年住み慣れた土地を離れたのだ、とも話してくれました。

Ａさんが話してくれた過去の出来事は、壮絶すぎてかけてあげる言葉さえ見つけられないほどでした。ただ、過去の出来事を刷新するために、長年住み慣れた土地を離れて現在無職でいる、ということは、Ａさん自身が選択した結果だということはよく理解できました。

わたしが話をしているＡさんは、心身ともに健康な人のように見えました。

そこで私は次のように話を続けました。

「優秀な頭脳と才能と能力と知的財産を持っている方が仕事をしないという選択肢を選んでいることは、社会にとって大きなマイナスではないでしょうか……」

「いずれは仕事に復帰しようと思っていましたが、別に急がなくてもいいかなと思っていて……」

わたしはこう質問しました。

「Ａさんのアイデンティティって何ですか？」

「わたしのアイデンティティは、仕事です」

「今、Ａさんは、自分のアイデンティティは仕事だと話してくれました。どうかご自分のアイデンティティを大切にしてほしいと思います。

住み慣れた土地を離れてから、ゆっくりした時間を過ごされているかもしれません。でも、Ａさんが今自分のいったことを自覚されているのなら、仕事を再開されてはどうですか？」

Ａさんは少し驚いた様子で、次のように答えました。

「今、わたしが話した「自分のアイデンティティ」にも驚きましたが、北村さんから仕事を再開するよう勧められたことにも驚いています。こちらに来てから、わたしがここに移ってきた理由を知っている人は、誰一人、仕事を再開しては、なんて言ってくれませんでしたから」

「自分のアイデンティティは仕事だと言われているのですから、どうか自分を活かしていってほしいと願います。仕事を再開され、自由にのびのびと毎日を過ごす、という生活の方がＡさんに合っているような気もします」

Ａさんは、しばらく黙って何ごとか考えているようでした。わたしはＡさんが話してくれるまで待つことにしました。

「……仕事はしたいと思いますが、どうやって探せばよいのか悩んでしまいます」

「こちらで同業者のお知り合いはいませんか？　もし心当たりがあるのなら、その方に相談されればよいと思います。Ａさんのようにずっと努力をされて学び続けられた方には、同じ道で仕事をされている人の方が、Ａさんを理解し力になってくださると思います」

方針と新たな問題

その後、Ａさんと毎月一回、対面セッションをすることになりました。次に会った時には、Ａさんは地域の同業者の方に紹介され、ある病院の医療従事者として復帰されていました。

Ａさんは医療の現場に戻り、医療の専門知識を新たに学び始め、毎日を楽しく活き活きと過ごされていました。

ところが、ある問題が生じて以来Ａさんは専門性を追求することをやめてしまいました。Ａさんは物心ついた時から心の問題を抱えていて、そのことにも悩んでいる（完全に解決したわけではない）と教えてくれました。

心の問題と向き合う

Ａさんの心の問題の本質を、私自身が理解するには、長い年月がかかりました。理路整然と意識して話されることと、同じく理路整然と無意識に話される話のギャップに、ただただ戸惑うばかりで、一体彼女に何が起きているのかなかなかつかめず、私自身が迷路に入ってしまったのです。

セッションでは、わたしの方がおかしいのではないかと問わずにはいられないくらい、話がＡさんに通じず、私自身、自己嫌悪に陥ることもありました（後になって、Ａさんのネガティブな無意識に引っ張られて、わたしも「心、ここにあらず」であったということがわかるのですが）。

わたし自身も、Ａさんとのセッションを通じて学ばせていただいていたのだと思います。わたしは、Ａさんの状態に極度に高低があったとしても、私自身が普段の自分を保持できていれば大丈夫だという意識でＡさんと関わる覚悟を決めました。そう覚悟を決めると、Ａさんが意識して話している時と、無意識で話している時との違いが、何となくわかるようになってきたのです。

Ａさんが否定的な無意識（領域）にコントロールされていると理解できたので、わたしはＡさんに自分が知っている全ての実践法を伝えました。

Ａさんは、

「わかりました。やってみます」

ただ、次に聞かれるＡさんの感想は、

「努力しても無理でした。できません」

それでもわたしは諦めませんでした。毎回のセッションで、Aさんが今の状態より、少しずつでもよくなる実践法を伝え続け、次のセッションではAさんに振り返りをしてもらい、自身の微々たる変化さえも認識してもらうよう働きかけをしました。

Aさんも、わたしと同じ意志の強さで諦めずについてきてくれました。

創造力のトレーニング

Aさんの変化、状態が少しずつ楽になっている様子が、顕著に表れてきました。

声の出し方が苦しそうでなくなり、過呼吸がなくなり、終始ついていたため息も出なくなりました。声を発せなくても、重たい雰囲気も感じられなくなり、話し方に一定のリズムが出てくるようになりました。それまでは口を開けば否定的な出来事や文脈に焦点が当たっていたのが、楽しかったことや嬉しかったことに焦点が当たってくるようになりました。

それまでのAさんなら、しんどいと思う時は、何もする気にもならず、ますますしんどさが増長されていくだけだったと思います。

今では、しんどいと思う時だからこそ、からだを動かそうとか、何か夢中になることに自分の意識を向けようといった努力を積極的に選んでするようになっています。

家の中の整理整頓を始め、普段から家を綺麗にするよう心掛けるようになり、お花を買って家を明るくしようと考えています。なるべく自分で料理をし、食事にも気をつけるようになり、意識的にも無意識的にも分析している自分に気づいたら、一旦止めて、今自分はどう思っているのか、今自分はどう感じているのかという感情や感覚の方に焦点を向けるようになっています。

ネガティブな自分に気づいたら、それをなくす努力をして、すぐノートに自分が楽しいと思うことや嬉しくなることを書き留めるようにもなりました。

そのほか、定期的にからだを動かすことも始め、何も考えず、ただ自然を感じる時間を取り入れたり、好きな音楽を聴いたり、創作活動を始めたりもしています。心から笑えることを積極的に探し始め、自分の呼吸が浅いと感じたら、ゆっくりした呼吸、深い呼吸に変えるよう努力もされています。

注目すべきは、自ら楽しんで制作したアート作品が人に喜んでもらえていること。次から次へとリクエストをもらい、互いが喜びを分かち合っている関係性も生まれています。

人と人との繋がりの中で、Ａさんはそれまでとは異なった自分の存在価値を見出し、人とふれあうことで人に癒され、自分に癒され、人と素直な気持ちで関わることで人に救われ、自分自身に救われる――そういった経験を重ねています。

気づき

ある日のセッションで、Aさんはこう伝えてくれました。

「気づいたことがあるんです。わたしが制作した作品を他の人が喜んでくださっている光景を以前、見たことがあって……」

「以前というのは、とてもしんどい状態の時期ですか?」

「はい、そうです。とてもからだがしんどいと感じている時期です。朝起きた時から、今日もこんなにしんどい状態で自分は大丈夫だろうかと不安に思っている時期です」

「そうでしたか」

「北村さんから『創造力』の話を聞いた時、それはある程度、楽な状態になった人ができることであって、わたしのような慢性的にしんどい状態にいるものには、絶対に実践なんて無理だと思っていました」

わたしはAさんに確認しました。

「今、矛盾したことを話していると自覚してください。

創造力の実践法を伝えた時、Aさんは『自分には無理だ、絶対にできない』と言われました。けれど、今、Aさんが無理だと思っていた創造力が現実になっている、ということなのです」

「その通りです。創造力のことを伝えてもらった時は、わたしにはできない、絶対無理だと思っていました。これができるのは、わたしよりも状態のよい人に違いないと決めつけていました。

ところが、今振り返ると、そう思いながらも、私は創造していたのです。あんなにしんどい状態の時でも、北村さんの話はちゃんと聞こえていてわたしの中に届いていたのです。これも後になって気づいたことです。

わたしは、楽しい未来を見ていたのです。努力して無理矢理（楽しい未来を）創造したというよりも、自然に見ることができたという感じです」

「Aさんは自分が創造力を使えていたことに気づかれたわけですね。その創造力をもっと積極的に使われてはどうですか？」

「どうすればよいかわかりません……」

「創造力を使えているのに、どうすればよいかわからないと言われても、わたしにもわかりません（笑）。

まずは、Aさん自身が創造力を使えている体験を味わってください。できていることを喜ぶとか、感謝するとか――頭で考えるのではなく、自分の感覚をもっと大切にするのでです」

「体験したのは事実ですが、どうしても分析しようとしてしまいます」

「わたしは分析することがダメなことだとは言っていません。

でも、分析の前に、何か、何となく感覚が動いているのではありませんか。「何となく」といった感覚をもっと大切にされてみてはいかがでしょう？　それを無理に言語化してほしいと言っているわけではありません。ご自身がせっかく創造力を体験されているのに、一過性の出来事として終わらせてしまうのが残念に思えるのです。

もっと自分の感覚に意識を向けてみてはいかがですか？」

「わたしはどこかで自分の感覚を疑っていることがわかりました。これまでの自分の状態がしんどいからだと思います」

「そうだと思います。では、今、自分の感覚に意識を向けると、どうでしょう？」

Aさんは黙って、しばらく何ごとか考えているようでした。

そして、こう答えてくれました。

「自分の感覚を大切にしようと思いました。創造力についても、考えてできたわけではなく、何となく感覚的なことだったと思うのです。何となく感覚的なことなのですが、わたしははっきりと今起きている現実を見ていました。

……ということは、わたしは創造力が使えているということですね」

「ご自分の感覚に聞いてみてはどうですか？　思考ではなく、感覚の声を受け取る感じで……」

さらなる変化

「今、家族旅行に行っている光景が見えます」

「今見えているということは、考えて見ているのではなく、自然に出てきているのですか？」

「昔、家族でバーベキューをした思い出があり、とても楽しかったのです。そのことを思い出していたら、家族旅行に行って楽しんでいる情景が見えました」

「楽しいことが見えたら、疑わず、今自分が見て楽しいその時を充分味わうと、創造が楽しくなってきます。どうか、創造力を使って、ご自分の今を活き活きとしたものにしていってください」

「創造する努力をしていきます。無意識にできていたことを意識してするということですね」

「そのとおりです。

ただ、Aさんのことですから、くれぐれも、力が入り過ぎないようにしてくださいね。例えば、創造力のトレーニングは、お花を見て綺麗だと思っている感覚の時にするとか、美術館で素晴らしい絵画を見ている時にするとか、心地よい音楽を聴いている時にするとか、青空を見て心が晴れ晴れしく思う時にするとか――まずは、自分の感覚を優先させて……」

その後Aさんは、以前私とのセッションで創造力を使って見た家族旅行を実現されました。仕事も遊びもバランスを取りながら楽しんでいます。

Aさんと話すたびに、わたしは、人間に内在する「よりよく生きようとする力」を感じずにはいられません。

〈援助のポイント〉

論理的思考や科学的思考が重視される環境で仕事をしている人の多くは、創造力を使うのを苦手としているようです。感覚に問いかけるような質問をすると、自分の内面に気づいてもらうきっかけが作れます。

〈気づきのヒント〉

創造力を使うには、頭で考えるのではなく、自分の感覚に意識を向け、感覚が発する声に注意深く耳を傾けてみることが大切です。

(6)「視覚化」

♣事例6　心の中の絵と自分が一致する視覚化（Iさん　30代　女性）

（基本情報）

最初にメールで連絡をもらった時、Iさんは30代後半のOLでした。

仕事上のことや同居している親に結婚を期待されることからの重圧に悩み、子どもを持つことに対する年齢的な不安を感じている、とそのメールは伝えていました。

初回セッション
Iさんとの関係が本当の意味で始まったのは、直接会って話を聞いた時からです。
待ち合わせ場所に訪れたIさんは、メールのやり取りからイメージしていた女性とは異なりました。外見からは、とても悩みを抱えているようには見えませんでした。それどころか華やかな感じさえして、お洒落を楽しんでいるようでした。一つひとつの持ち物も、Ｉさん自身がとても気に入り、喜んで持っている物のように感じられました。

Ｉさんは自分を楽しんでいる方なのに、なぜ悩みがあると言われるのだろう……と、わたしは疑問を感じました。

初めての対面セッションは、Ｉさんが職場で上司から受けるネガティブな言動で悩んでいて、自分を追い詰めている……といった話から始まりました。

目の前のＩさんを見ながら、わたしにはどうしても気になることがありました。わたしの目の前にいるＩさんは、なぜ自分の人生を楽しんでいないと感じているのか、それとも楽しんでいることに無自覚でおられるのか――。Ｉさんの話が一旦終わるのを待って、わたしはこう切り出しました。

「Ｉさんが問題を抱え悩まれていることはよくわかりました。その上で、今わたしがお伝えしたいことと、質問したいことがあります。まずお伝えしたいことを話してもよろしいですか？」

「はい」

未来図を描く

わたしは、Ｉさんに、自分（の人生）を楽しんでいるように見えるという第一印象を伝えました。Ｉさんが嬉しそうな表情を見せてくれたので、わたしは次にする質問を最初に考えていた質問（Ｉさんの普段の注意・関心を探る質問）とは変えることにしました。

「Ｉさんは自分の人生を考えた時、何をしたいと思いますか？

今、現実にできるかできないかを考えるのではなく、単純に、自由に、「わたしって何がしたかったのだろう？」と自分に問いかけてみて、その答えを聞かせてください」

Ｉさんは一瞬驚いた表情を見せましたが、しばらく何かを思い出しているようでした。

少し沈黙が続いたあと、満面の笑みを浮かべてこう答えてくれました。

「……わたしは高校生の時、本気でパティシエになりたくて、進路相談の先生にも親にもお菓子の専門学校へ行きたいという願望を伝えました。でも、親からは大学に進むことを余儀なくされて……。それでもパティシエへの夢は諦めきれず、就職してからも何度かフランスに行きお菓子作りのレッスンを受けました」

「今もお菓子は作っているのですか？」

「いいえ。お菓子を作りたかったこともすっかり忘れていました」

このあと、わたしは思いつくままに質問をして、Ｉさんが昔、どれだけお菓子が好きでどれだけお菓子のことを考えていたかを確認することができました。Ｉさんが嬉しそうに活き活きと話している様子を見て、わたしはさらに質問を変えました。

「Ｉさん、今からご自分の未来について自由に語ってください。何の制限もありません。心に思うまま、いつも心に思い描いているご自分の楽しんでいる未来を、現在進行形で自由に楽しんで語ってください」

Ｉさんは、自分の未来について、それがまるで今起きていることであるかのように、あるいは、実際にそのことを今、見て感じて体験しているかのように語ってくれました。

わたしも、Ｉさんに固有のはずのその物語をともに見て、感じて、体験しているような気持ちになりました。言葉は見えませんが、Ｉさんが語る心象風景と同じ風景がわたしにも見える感じがしたのです。

わたしは、Ｉさんが無意識に自分の未来図を楽しく描き、それを現実のように見ることができることがわかりました。Ｉさんの未来図は、Ｉさん自身が意識的／無意識的に繰り返し心の中で思い浮かべ描いていたものだったのでしょう。

Ｉさんの未来図が、Ｉさんの全身を通してわたしに伝わってきました。

それは、いつもＩさんの心の中、内面にあったからこそ、何の気負いもなくスラスラと無理なく次から次へと自然発生的に話し続けることができたのでしょう。

Ｉさんが意識にのぼらせていた重要な問題は現在の仕事のことでしたが、無意識のレベルではいつも自分の未来図を楽しく見ていたのです。意識化された問題よりも、無意識レベルでＩさんの心を占有している未来図の割合の方が大きかったということでしょう。

セッションのまとめとその後

ひととおり語り終えたＩさんは、とても幸せそうな顔をしていました。

あまりによい顔をされていたので、わたしもＩさんの幸せを共有したいと思い、しばらくの間、静かな時間を共に過ごすことにしました。

初めてのセッションの終了間際、わたしはＩさんにこう伝えました。

「Ｉさんが自由に語ってくれた未来の物語をわたしも楽しく見ることができました。それはきっとＩさん自身がいつも意識の深いところで思っていることだと思います。その自分の未来図は、もうＩさんの心の中にあるのですから、どうかさらに自分で意識して見てください。

今日見たことを意識しても見られる頻度を多くしていってください。今まさに未来図を実体験しているかのように、全神経をそこに一致させるのです」

それから三年も経たないうちに、Ｉさんは、最初に語ってくれた未来図を全て実現されました。

突然降ってわいたようにある男性と出会い、結婚。未来図で思い描いていた神社での結婚式、パリへの新婚旅行、マイホームの購入、出産……。田舎で家族そろって天の川を見るといった体験も実現しました。

現在は、わたしと出会った時に語られなかった次の目標に向けて、努力されています。

〈援助のポイント〉

クライアントが楽しそうに活き活きと語り始めたら、援助者も想像力をフルに働かせて、臨機応変にどこまでもその物語と寄り添い、その物語を体験しているかのように援助することを心掛けましょう。

〈気づきのヒント〉

人生を楽しめていないと感じたら、自然に語り出したくなるくらい楽しい未来図を描いてみては？　自分の全身の細胞を総動員させて、ワクワクしながら想像してみましょう。

(7) 「不思議な言語体」

♣事例７　不思議な言語体（Ｒさん　30代　男性）

（基本情報）

知り合いに聞いたといってわたしに連絡をくれたＲさんは、中間管理職で会社の人事部に所属しています。「煙草もお酒もやめているが、慢性的な倦怠感に悩んでいる」とのことでした。

初回セッション

Ｒさんの第一印象は、物腰が柔らかく、話し方も穏やかな方、といったものでしたが、いざ対面セッションを始めてみると、まったく対話になりませんでした。

話の内容が雑談から自身が抱えている問題に変わると、たちまち顔の表情が険しくなり、それまでの穏やかな印象とは打って変わって、話す言葉も強く、攻撃的になっていったからです。

勢いのある怒りに満ちていて、こちらからは一切口をはさむことができませんでした。怒りに占領されたRさんは、こちらの話を絶対に受けつけない、という態度であることが明白に伝わり、わたしはとにかく聞くことに徹しました。

ただただ一方的に、Rさんの上司、同僚、部下への不平不満、愚痴を聞くだけでその日のセッションは終了しました。

その後、月に一度、電話でセッションをすることになりました。

電話セッション――経過と変化

電話でのセッションを始めて一年が過ぎようとした頃、ようやくセッションでのRさんの変化のパターンがわかってきました。

セッション開始からしばらくの間と終了間際になると、第一印象通りの穏やかなRさんが現れるのです。そこであるセッションの開始直後に、わたしはどうしても伝えたいことがあると申し出て、Rさんの承諾を得ました。

「Rさんは自分の言葉を自覚して話している時と、無意識にネガティブなことを話している時とが交差しているようです」

Rさんは、わたしの話していることがよくわからないのでもっと具体的にわかるように説明してほしいと言われました。

「Rさんは、高学歴で社会的にも責任のある立場にあり、そのことを自覚しておられます。わたしと普通にたわいもないことを話している時は、Rさんは分別のある、理性的で常識のある方だとわかります。

けれど、日々の様々なストレスが過度に蓄積し、Rさん自身の許容量を遥かにオーバーしていて、からだと心とが重く感じるようになっているようです。Rさんがこの状態にあることは、話し始めると人格が急激に変化することからわかります。

セッションのスタート直後は、自覚して、上司や同僚の方、部下の方に対する軽い不平不満、愚痴を話していますが、途中からは無意識に暴言やネガティブなことを言わずにはいられないといった状態になっていきます。

わたしにはRさんがよくない何ものかに憑依されているようにも感じられました。そのような状態になっている時、Rさんは自分の状態に無自覚になっています。

このことは、Rさんをずっと観察してきてわかりました」

「会社の人たちの不平不満や愚痴を話しているのは自覚していましたが、北村さんにまでその怒りをぶつけて不愉快な思いをさせていたとは気づきませんでした。申し訳ないです……」

そして、少し間をおいて……。

「わたしは大学で経済を学びました。大学で学んだ経済学を活かせる会社に就職したつもりでしたが、人事部に決まり、わたしが最も苦手とする人と直接かかわる指導や教育、アドバイスや相談まで聞く仕事をしています。

自分を活かせていないという思いが会社の人たちへの不平不満や愚痴となり、無意識にそれらが大きくなっていたのですね」

わたしはRさんにこう伝えました。

「不平不満や愚痴は、意識して積極的に自分がやめていかないかぎり、習慣化されていきます。ネガティブな言葉を言い続けると、自分が自分にネガティブな言葉のシャワーを頭から浴びせ続けていることにもなるのです。

言葉には使う時の法則のようなものがあります。

例えば、人を幸せにする言葉や人を勇気づける言葉、優しい言葉や思いやりのある言葉は、発した人にも届けてもらった人にもよい効果をもたらします。こうした言葉をいつでも自然体で使える人は、周りからも幸せそうに見えているでしょう。幸せそうなオーラを纏っているようにも見えているでしょう。

よい言葉というものは、自分にふさわしい言葉を共有できる人がいる場所に連れて行ってくれるのです。

日常的に使う言葉は、一つの目に見えない言語体として自分に影響を与えるものです。

自分が口にする言葉は、言葉自体に力があるのです。

ですから、言葉は注意深く選んで使う必要があります。ネガティブな言葉を使っていると、ネガティブなモノやコトを引き寄せていくことにもなるのです」

「おっしゃっていることはわかりましたが、無意識で言っていたことをやめるには、どうすればいいのですか？」

「とにかく最初は意識してやめる覚悟を決めることです。不平不満、愚痴、ネガティブな言葉はいわないと覚悟を決めるのです。

ただ、決めたからといって、長年に亘って習慣化していたことがすぐに改善できると思うのは大きな見当違いですからそのことも忘れないでください。

自分が自分で考えて決めたことは裏切らないように。

覚悟を決めても、不平不満、愚痴、ネガティブな言葉は言いたくて仕方がないものであるかもしれません。言わずにはいられないものかもしれません。

そうした言葉や思いを自分一人では抱えていられなくて、口にした方が楽になると思い込んでいるのではないでしょうか。でも、実はそれも大きな勘違いです。

口にしたその時は楽になる感じがしても、無意識のレベルには確実にネガティブなエネルギーが蓄積されていきます。

結局のところ、不平不満や愚痴は、今目の前にいない相手に対して、自分を正当化するために言っているのです。そうすることで自分が報われるというふうにでも思っているのではないでしょうか。

その考え方自体がよくないから改めよう、と思えない限り、現実にはやめることは難しいでしょう。やめられないどころか、ネガティブな言語体が無意識レベルで大きくなり、自分自身をその言語体に乗っ取られてしまうことになります。

ご自身がこのことに気づかない限り、他者から見ると、とても「迷惑な人」にもなってしまうのです」

続けてわたしはこう伝えました。

「わたしの仕事の基礎には西田哲学があります。

普通は、わたしたちは、自分の生というものについて、肉体生存、つまり誕生から死までの存在だと理解しているでしょう。西田幾多郎はこれを「小体系」と言っているのですが、西田はさらに、「この小体系を含み包み超えたさらに大なる意識体系を中心軸として考えてみれば、この大なる体系が自己である」と説いています。

つまり、わたしという存在は、自分が知らないだけで目に見える存在と目に見えない存在をともに生きているということです」

それまで黙っていたRさんが口を開きました。

「自分の中にいろんな自分がいて、いつも葛藤があります。きっと自分が理解している自分と自分がわかっていない自分とがせめぎ合っているのでしょう。「大なる意識体系」というのは、すぐには理解することができませんが、自分を苦しめ自分を貶め、周囲の人にとって大変迷惑な人になっていた原因が、自分の言葉にあったということに気づいたからには、自分の言葉を変えていきたいと思います」

以降のセッションでは、Rさんが注意深く言葉を選んでいることが伝わってくるようになりました。

現在

数ヶ月後――。最後のセッションでは、Rさんから不平不満、愚痴が聞かれることは一度もありませんでした。自分の経験を人材育成に活かして、会社を元気にして働きやすい職場にしていきたいと話しています。

〈援助のポイント〉

話をしていて、その内容が一方的にネガティブなものに変わる時の相談者の言葉や言葉遣いに注意深くなることが大切です。

〈気づきのヒント〉

ついつい否定的なことを口走ってしまうという人は、建設的な言葉を選ぶようにして、普段使う言葉を意識的に変えてみるようにしましょう。

(8)「不思議な感情体」

♣事例8―1　不思議な感情体（Zさん　10代　男性）

一度だけの対面セッション

Zさんとは、一度だけ対面セッションをしました。

Zさんは一見普通の大学生です。けれど、浪人して大学に入ったものの、大学に行く気も、サークルに入る気も、友人を作る気もないようでした。「自分は生きていても仕方がない」、「何もやる気がない」、「いつ死んでもいいと思っている、明日にでも死ねるのだ」と、淡々と話してくれました。

わたしは驚きました。

Zさんが現実に何か大変な問題を抱えて切羽詰まり、為すすべもなく、もう自分には死ぬ選択肢しかない……というようには全然見えなかったからです。

淡々と「いつでも死ねる」と語るZさんを見ながら、わたしは不思議でたまりませんでした。

自分のいのち・生命を見つめて考えたことがないのだろうか。それとも考えて話してくれているのだろうか。なぜ「明日にでも死ねる」などと平気で口に出していうことができるのだろうか……。

Zさんは何を話しているのかを自覚はしているようでしたが、わたしが怪訝そうにしていることを察知しても、相変わらず無表情で、自分のことは誰にも指図されたくない、誰にも何も言われたくないと言わんばかりでした。

わたしはZさんに質問しました。

「人は必ず死ぬのに、なぜ「明日にでも死ねる」というのですか？」

Zさんは黙っていました。

わたしは続けてこう言いました。

「自分が明日にでも死ねるといえば、わたしがどう反応するのか知りたいように見えます」

それでもZさんは無言を貫いているので、わたしはさらにこう続けました。

「Zさんが死のうが生きようが、それは浪人までして大学生になっているZさん自身が答えを持っていることですから、わたしがどうこういう話ではないかもしれません。けれど、このことだけはお伝えしたいです。あなたには親がいますか？」

Zさんがやっと口を開きました。

「両親は健在です」

「Zさんが今下宿して大学に行けているのも、生活できているのも、勉強できているのも、当たり前のことではありません。ご両親のお陰です。一人で大きくなって今ここにいると思っているかもしれませんが、人間は多くの動物とは違って一人では育っていきません。人は人に育てられて人になっていくのです。

あなたの記憶にはない赤ん坊の時期や幼少期という一番大変で手がかかる時、親はあなたに時間も拘束されて、心身ともにきついと感じる時でも、あなたの世話をしてくれて、今あなたはここにいるのです。

勝手に一人でここまで成長してきていると思ったら大きな間違いです」

「そんなことは言われなくてもわかっている」

「そこまで言われるなら、明日にでも死ねるという前に、これまであなたにかけてもらった世話の分をご両親に返してから明日死ぬかどうかを考えてみてもよいのではありませんか」

「親は子どもを育てる義務があるから当然のことで、別に自分は育ててほしいとは頼んでいない」

わたしはZさんに伝えました。

「親はあなたのことを義務で育てたと思っているのですか？

わたしはあなたの親御さんとお話ししていませんが、このことだけはわかります。

あなたの親御さんはあなたを心から愛していたから育てたのです。あなたは今気づいていないふりをしているだけで、あなたがご両親から頂いてきた愛情は、あなたの中に沢山受け継がれています。あなたが「ない」といっても、あるのです。なぜなら、あなたの中に優しさを感じるからです。優しさの感情体を感じるのです」

しばらくその場に沈黙の時間が流れました。

次に言葉を紡ぎ出したのは、Zさんでした。

「浪人中、何度も何度も自分の中から「生きていても仕方がない」、「死んだ方がいい」、「死ね」という声がわき起こってきました。毎日ではありませんが、必ず周期的に突然やってきて自分を追い詰めていくのです。

それが……今も時々あるのです」

「Zさんは大学生なのに、大学で勉強する気も、サークルに入る気も、友人を作る気にもなれないということのですね。では、思いっきり朝から晩までアルバイトをして働いてみてはどうですか？　明日でも死ねると思っているのなら明日死ぬかもしれないけど、今日は一日一生懸命働くと決め、仕事をして稼ぐという体験をしてみてはどうですか？」

Zさんがようやく少し前向きな気持ちになってくれました。

「バイトでもしてみようかな」

Zさんとの対面セッションはここで終了しました。

近況報告

その後、Zさんから近況報告のメールをもらいました。

そのメールには、「からだを壊すぐらいバイトをしてみたら、明日死んでもいいとは思わなくなっていた」と書かれていました。自分は自分を今まで邪険に扱ってきたことに気がついた、せっかく入った大学だからとにかく卒業して就職したいと思うようになってきたとも書かれてありました。

「先生と話して、周期的に襲ってくる死の恐怖がなくなった」とも添えてあり、わたしにはそのことが何より嬉しかったです。

〈援助のポイント〉

クライアントがネガティブな感情を表す言葉――「いつ死んでもいい」など――を口にしたとしても、援助者はそれにつられず、まずはクライアントの訴えを冷静に聞き、少しでもその感情体を変えられるように働きかけることが大切です。

〈気づきのヒント〉

死にたいと思う日々は、そう思う気持ちの総合計が「感情体」となって表れているからです。Zさんがここで死ぬほどアルバイトに勤しんだように、まずはただひたすら生きてみましょう。死ぬことを考えるのは、そのあとからでも遅くありません。

♣事例8—2　不思議な感情体（Bさん　40代　女性）

（基本情報）
個人経営の医療クリニックで対人援助の仕事をしているBさんは、現在の仕事を始めて4年目です。わたしとのセッションの目的は、「健康になりたい」というもの。Bさんは仕事を始めてから身体を壊し、慢性的な痛みを感じながらも、仕事を続けていました。
Bさんとのセッションはひと月に二回、スカイプで行っています。

内面にある「怒り」

数回目のセッションで、Bさんがいつも何かに対して「怒り」を持っていることが感じとられました。

その「怒り」は、日々の「振り返り」をしてもらうと顕著に表れてきました。声が徐々に荒々しく低くなっていき、毎日の生活の中で感じる否定的な感情（「イライラ」）や他者のネガティブな言動によって感じる「怒り」を容赦なく、わたしにぶつけてくるようになりました。

セッション中、わたしは許可を得てこう質問しました。

「今ご自分の内面を見たら、どのように見えますか？」

Bさんは少し間を置いた後、高ぶった声で答えました。

「怒っている自分が見える」

Bさんはわたしに、「自分は決して怒りっぽい人間ではない」ということを強調していました。

わたしはBさんに、自分の内面を更にしっかり見て、自分は何を思うのか、どう感じているのか教えてほしいと伝えました。

そして、焦って無理矢理答えを出そうとせず、わたしが声をかけるまで落ち着いてほしいと伝え、しばらくの間、共に沈黙の時間を過ごすことを提案しました。

一定の時間が経過したのを確認して、わたしはBさんに声をかけました。

「Bさん、どんな時間でしたか？」

「内面に怒りがあるからそれに敏感になっていたと気づきました。怒りは外側からやってきて自分を苦しめていると思っていましたが、自分の内面にあったのですね」

今度はBさんのほうが私に質問してきました。

「どうすれば自分の内面の怒りをなくすことができますか？」

「Bさんには、「意志の力」があります。意志の力とは、自分の人生を自分の意識で選び取って決め、将来を決定づけていくものです。自由な意志の力を使って、自分は怒りを選ばないと決めることができます。そして、自分と怒りを一致させないと決めることができます」

「自分で決めれば怒りが消えるのですか?」

「自由意志で自分の意識の向かう先を怒りと一致させる方向から、そうさせない方向に決めるというのは、一つの始まりに過ぎませんが、ご自分の意志の力を信じて、注意深く丁寧に一つひとつネガティブな無意識を取り除くことを諦めないことが肝心です。

諦めずに続ける限り、自分の無意識の中にある怒りの割合は確実に少なくなり、身体も楽になっていくようになると思います」

意識的に行動を変える

その次のセッション時、Bさんは開口一番、「怒り出す前に自ら行動を変えて怒りを回避した」と話してくれました。Bさんは、自分は怒る方を選ばないし、自分の内面に怒りがあるのも見たくないと決めた、とも伝えてくれました。不愉快になり怒りの感情が出てくる前に、意識して積極的に自分の行動を変え始めたのです。

例えば、会えば愚痴や不平不満といったネガティブな感情をおかまいなしにぶつけてくる知り合いが前方から歩いてくるのを見つけた時、（それまでは話に応じることもありましたが）相手に気づかれずに歩く方向を変えました。

電車の中などで思いやりのない不愉快な場面に遭遇しそうになった時は、（それまではそのまま同じ車両に乗り続けていましたが）自分のやり場のない怒りの感情がわいてくる前に、場合によっては車両を変えました。

日常の些細なことでもイライラしていたBさんには、次のような変化も現れ始めました。幸せに感じたことを大切に心に留めておいて、その時の体験を今まさに起きているかのように話してくれるようになったのです。

気づきと変化

Bさんは、「自分の内面を見る」ことを通して気づいたことを話してくれました。

他者を見る時、自分の価値基準が一番正しいものとなっていたこと。自分の価値基準に合わない人は、自分には理解不可能な許せない人と決めつけていて怒りの感情がわいてきていたこと。

Bさんはこの気づきによって感情に注意深くなり、無意識にネガティブな感情に振りまわされなくなりました。

身体はまだ完治していませんが、自分の身体は自分でよくしていけると思えるようになったとも話してくれています。

〈**援助のポイント**〉

クライアントの内面にある「怒り」に気づくには、援助者自身が自分の「怒り」にも注意深くなり、クライアントの感情に巻き込まれないようにすることが大切です。このケースでは、「感情体」のほか、「自由意志」「沈黙」などさまざまな援助法・思考法が組み合わされていることにも留意してみてください。

〈**気づきのヒント**〉

怒りの感情が出てきそうだなと思ったら、まずは意識して深呼吸をして自分を落ち着かせてみましょう。自分の感情体を変えることを意識して明るいことや楽しいことを想像してみることも有効です。

♣事例8—3　不思議な感情体（Jさん　30代　女性）

（基本情報）

Jさんはある医療機関で医療従事者として一〇年以上仕事をしています。

Jさんの問題は、職場での人間関係です。チームで行う仕事のため人間関係がうまくいっていないと、仕事そのものに支障をきたすということでした。

初めて話した時、数年前から仕事が辛いと感じているとのことでしたが、趣味でお菓子を作っていると楽しそうに話してくれたのが印象的でした。

援助者の気づき

Jさんとのセッションはスカイプで行いました。

三回目のセッションを終えた時、Jさんが心底職場が嫌だと感じていること、ゆくゆくは仕事を辞めてお菓子作りの教室を運営し、販売もしていきたいと考えていることがわかりました。

この時わたしは、「今の職場が嫌」という否定的な感情が「この仕事も嫌」ということに繋がり、本来のJさんのものの見方を曇らせているのではないかと感じました。わたしは次のセッションの時に、仕事に対する真意を問うてみたいと思いました。

コーチングと気づき

その次のセッションで、わたしはJさんになぜ現在の仕事を選んだのか尋ねました。

Jさんはその理由を次のように答えてくれました。

中学生の時、急に身体の具合が悪くなり、親に連れられて行った医療機関で出会った医療従事者の方がとても優しく手際よく仕事をしている姿に、憧れを持ったこと。

そして将来同じような仕事がしたいと考えるようになり、資格が得られる大学に進学し、下宿をしながら勉学に励み、国家資格を取得したのです。

わたしは、Jさんが当時の中学生になった気持ちで一生懸命答えてくれている様子に、これだけはどうしても伝えたいという気持ちがわいてきました。

「今の仕事は、中学生の時のある医療従事者の方との出会いからきていることだったのですね。Jさんはその方から優しさやかっこよさを感じたと話してくれました。

今ご自分がその仕事に従事してみて、優しさやかっこよさの裏側には、精神的な強さが必要だと感じているのではありませんか。そして、それを理解されつつも、ご自分には無理だと感じているのはありませんか」

続けてわたしはこう伝えました。

「Jさんは、今の職場の人間関係で混乱しているだけで、本来は周りに惑わされず、自分の信じる道を確固たる意志で歩むことのできる方だと思います。中学生の時から自分の進路を明確に決めて、目標に向かってひたすら勉強し努力し続けてこられた方なのですから。

どうか本来のご自分を見失わないでください。今の職場が合わないと感じているのなら、勇気ある撤退も必要だと思います。今の職場にこだわらなくても、Ｊさんに合った職場環境を探されてもよいのではないでしょうか？」

Ｊさんは、明るい声でこう答えてくれました。

「わたしはすっかり初心を忘れていました。自分がこの仕事を選んだ理由を。

今の仕事は、わたしが望んでいた仕事です。今の職場の人間関係で、仕事も自分も見失ってしまうところでした。この仕事を生涯続けていきたいと思います。自分に合う職場を探して、この仕事を続けることを考えていきたいと思います」

現在

その後、Ｊさんは職場を変えて仕事を続けています。お菓子作りは趣味で楽しんでいるということです。

〈援助のポイント〉

例えば「職場の人間関係が嫌だ」と話すクライアントは、無意識のレベルで、職場に関すること全てをよくない感情で見ています（職場以外についてはよく見えたりもしています）。このケースのように、クライアントが本来何を目指していたのかに気づくための質問をしていくと、打開策が見えてくることが多いです。

〈気づきのヒント〉

「職場が嫌」だという感情が強くなっている時は、その原因は職場や仕事にあるのか、自分が抱えている個人的な事情にあるのかを自分自身に問いかけてみましょう。

(9)「不思議な思考体」

♣事例9　不思議な思考体（Gさん　20代　女性）

（基本情報）

最初に会ったのは、Gさんが大学生の時でした。

当時の彼女の目標は、教師になることでした。大学に進学してまもなく、両親が離婚。母親は家を出て地方の実家に戻りましたが、Gさんは自宅から大学に通っていたため、母親にはついていきませんでした。

数年ぶりの連絡

最初の出会いから数年後――。

Gさんから再び連絡をもらいました。

「母親の実家で母と祖母と三人で、田舎で暮らしている」「福祉関係の事務処理のアルバイトをしている」「教師になる夢は捨てていないが、今の自分では自活できないのでやむなく田舎にいる」ことを伝えてくれました。

Gさんが連絡をしてきたのには、理由がありました。

今の自分の置かれている状況が辛くて抜け出したいと思っているものの、自活できないため自分を責めることしかできないでいて、そのことが原因で自分がおかしくなりそうになっていたのです。

その時わたしが知っていたGさんは大学時代のGさんです。

Gさんは、教師になるという明確な目標の為、普通の女子大学生のようにキャンパスライフを楽しむことを一切せず、講義以外の時間も図書館にこもって、ひたすら勉強をしていました。

第一印象は、真面目で、自分に厳しく弱音を吐かない人である、というものでした。どんな困難でも一人で力強く克服していくイメージがありました。

そんなGさんがわたしに助けを求めて、数年ぶりに連絡をくれたこと自体が、奇跡的な出来事であるかのように感じられました。

電話セッション

数年ぶりに電話で話しているGさんは、何かに怒っていました。

言葉や声が怒りでさえぎられ、何を話したいのか、よく聞き取れませんでした。からだ全身が怒りに満ち溢れていているような、とても危険な感じがしました。からだ全身に、怒りを誘発する見えない何かが突き刺さっているようにも感じました。

話すことでGさんに突き刺さっている得体の知れないネガティブな何ものかが少しでも溶けてなくなりますように、と祈りながら、わたしはしばらく耳を傾けていました。

電話の声が一旦止まり、次に話し出した声が比較的落ち着いたものに感じたので、わたしは質問しました。

「何がしんどいと思っているのですか？」

「祖母と母が、わたしに自分たちの考えを一方的に押し付けてくるのが耐えられない。……わたしはあの人たちの操り人形にはなりたくない」

「なぜ耐えられない人たちと一緒に暮らしているのですか？」

「自活できないからです」

「おばあさんとお母さんを変えようと思っても無理でしょう。

Gさんがどれだけ正当なことを言い続けても、お二人が変わることはない、と考える方がよいでしょう。自分たちの考えを一方的に押し付けて命令してくる人は、自分たちがGさんより上だと考えていて、Gさんと議論する手前の段階で自分たちの方が絶対に正しいと思っているはずだからです」

「わたしは、祖母や母から、自分たちの言うことに従わないからダメな人間だと言われています。母は国立大学を出て教師をしていましたが、今は、祖母の介護のため退職しています。わたしは私立大学出身で、教員採用試験にも受かっていなくて、今も定職についていないために、私自身の考え方やものの見方、やり方が「間違っている」と言われ続けてきました」

「わたしは、Gさんの考え方やものの見方、やり方が間違っているとは思えません。ただ、おばあさんやお母さんの考え方やものの見方、やり方とは異なるということだと思います」

少しの間、沈黙が流れました。

提案と気づき

「Gさんはこの先、どうしていきたいと考えていますか？」

「教師になって働きたい」

「では、確認です。Gさんはこの先教師になって働きたいと思っているということですね？」

「はい」

「今はおばあさんとお母さんのもとで暮らしていますが、以前わたしがGさんと出会った時は、お父さんと暮らしていましたね。今の場所と以前の場所と比べると、どちらが自分にとって耐えられる場所でしょうか？」

「父の方です」

「わたしの提案を伝えてもいいですか？」

Gさんが承諾してくれたので、わたしは話を続けました。

「今の場所を出てお父さんの所へ再び戻り、自活できるまでその場所にいる覚悟を決めて頑張ってみてはいかがでしょう？

以前の場所（お父様のいる場所）に何か問題があったから今の場所にいるということを承知した上での提案です。

Gさんには「自活する・教師になる」という揺るぎない目標・信念があります。どうか自分の信念を貫き通す一つの通過点だと思って覚悟を決めてください。中途半端な気持ちでは、自分が混乱するばかりです。

今の場所に居続けても、考え方がネガティブな思考パターンに入ってしまっていて、同じことが繰り返されることが予想されます。どうか、意識的に努力して、自分の無意識領域にあるネガティブな思考を追い出して、目標に向かって進んでほしいと思います」

しばらく考えて、Gさんが口を開きました。

「父は、母と比べると頼りなくて、一家の主として見た時に非常に残念に思う気持ちが強くなります。母はそんな父に耐えられなくなり、父のもとから去ったのです。

……でも、今やっと、自分が自分に戻れたような気がします。

祖母や母は朝起きてから夜寝るまで、一日中、わたしのやること、すること、いうこと全てを批判し評価し攻撃し命令してきました。北村さんに、こうやって連絡しようと思いたつまで、何度も包丁を手にしようかと考えました。テレビや新聞で一家の悲惨なニュースを見聞きするたびに、他人事とは思えない自分がいました……」

Gさんは声を詰まらせていました。

わたしは、相談してくれたことを心からよかったと思いました。

「あなたが自分にも家族にも迷惑をかける人にならなくてよかったです。自分のいのち・生命も、家族のいのち・生命も、同じように大切にしてください」

そしてわたしとGさんは、しばらく共に沈黙の時間を過ごしました。

その後

しばらく経って、Ｇさんから連絡をもらいました。いまは自活をされていて、念願の教師にもなり、元気に仕事をされています。

〈援助のポイント〉

同居している家族の思考（体）は家族のメンバー（特に年少の家族）に無意識の領域でも多かれ少なかれ影響を与えます。同居者からのネガティブな影響が認められるような時は、本人の意志（将来どうしていきたいのか）をまずは確認しましょう。

〈気づきのヒント〉

ネガティブな思考習慣に陥っていてネガティブな思考体の影響があるようなら、自分の人生を本当はどうしたいと思うのか、自分に問うことから始めてみましょう。答えが見つかりさえすれば、その答えを実現するために、考え（思考体）を変えていくことができます。

⑽「自覚」

♣事例10　本来の自分に気づく自覚（Hさん　40代　女性）

（基本情報）
「自己受容」と「沈黙」の事例として登場されたHさんは、ライフケアコーチングのセッションを通して、家族や親族との間にあった自身の負の感情に気づき、困難を克服することになりました。

なお残っていた問題

とはいえ、Hさんにはまだ超えなければならない人との関係性の問題が残っていました。Hさんはそのことを認識しているわけではないのですが、会話がある人の話題に及ぶと、全身から醸し出される雰囲気が、一気にネガティブなものに変わるのを、わたしは何度も見てきていたのです。

その問題の解決の糸口を探るためのヒントになると思われたのが、最初にわたしたちが出会った際、「心とからだが楽になるワークショップ」の終わり際にHさんが口にした次の言葉でした。

「わたしは今まで不誠実に生きてきた。これからは誠実に生きていきたい……」

セッションを重ねて、家族や親族との問題が解消してからもなお、Hさんは、不誠実に生きてこなければならなかった原因を、ある特定の人との関係性にあるものだと信じて疑いませんでした。

Hさんとの話から次のようなことがわかりました。

Hさんが現実に、ある人に何度も裏切られたこと。平気で嘘をつかれたこと。相手の発言のどこまでが真実でどこからが虚偽なのかわからないまま、自分に折り合いをつけて、見て見ぬふりをしてきたこと。知っていても知らなかったことにして自分をも裏切ってきたこと。不誠実さを自分の心の中で蓄積させてきたこと。

例えばその相手は、互いに合意をしていた話であっても、平気でその話をひっくり返し、まるで何ごともなかったかのような態度で関わってきたこともよくあったそうです。

こうした体験が、自分を不誠実にしたのだとHさんは話しました。

Hさんは、このことを語るときは強い口調になります。

「そもそもその人と出会わなければ、何年間も不誠実に生きることは選ばなかったと思う。不誠実な生き方なんて選びたくはないのに選ばずにはいられなくなってしまったのは、その人のせいだ」

わたしはセッションのたびに、一貫して次のようなことを伝えていきました。

たとえどんなに不誠実な人と関わろうとも、自分が誠実に生きようと覚悟を決め、そのことを常に意識していれば、相手の不誠実さに巻き込まれることはない、と。つまり、自分にないものは、いくら相手が執拗に働きかけてきても、自分にはないからそもそも反応しようがない、ということです。

「自覚」に至る道

ある時、Hさんから次のような質問が来ました。

「わたしは無意識のうちに、人を見ている時に、抵抗心や対抗心、不信が前提となっているようなのです。どうすればそれをなくすことができますか？」

「西田哲学に「自覚」という考え方があります。「自覚」といっても、一般的に理解されている、辞書的な意味での「自覚」とは異なります。

ここではその意味は説明しません。わたしは、西田哲学の自覚を、意識して経験してもらうことをHさんにお願いしたいと思います。

Ｈさんは、もうすでに何度もそれまでの自分を超えて、自分の人生を変えてきました。そのことについてはどう考えていますか？」

「はい、わたしは人生をかなり大きく変えることができてきていると思います」

そのことを確認して、わたしは次のように伝えました。

「沈黙のトレーニングの沈黙と呼吸の前に、実際にその相手と何かを話していることをイメージしてから取り組むようにしてみてください」

Ｈさんは、その日から毎日、指示どおり続けてくれました。

経過と気づき

数週間が経過し、Ｈさんが次のような感想を述べてくれました。

「沈黙や呼吸のトレーニングの前に、相手と話をしているイメージをすると、もうその時点で沈黙や呼吸どころの騒ぎではなくなりました」

「相手と話をしているイメージをすると、どんなことが起こるのですか？」

「一言でいうと、怒りがわいてきます」

「そうでしたか。

Ｈさんは、自己受容や沈黙のトレーニングを実践され、多くのことに気づかれました。

その結果として、考え方やものの見方が変わり、心が豊かになり、無意識に動き出すネガティブな感情や思考に縛られ閉ざされていた感覚にも気づけるようになりました。

全体（周囲）と自分とを分離させていた考え方から、全体と自分、人と人との繋がり、関係性を調和させようとする考え方を選ぶようにも変わってこられました。そしてそのことは、現実的なよい変化ももたらしています」

「はい、そのとおりです」

「Hさんは、自己受容や沈黙のトレーニングを通して、自身の中にあった否定的な無意識の感情や思考を自ら超えました。諦める事さえしなければ、必ずどこかのタイミングで意識が変容していく、ということも体験済みです。

つまり、先ほどのような「怒り」がわいてくるのは、自分の中にそうした感情がいつも備わっているからではないでしょうか」

わたしは続けて伝えました。

「怒りがいけないことだと言っているのではありません。

怒りという感情が自分の中にあるとわかるからこそ、その感情と向き合うこともできます。さらに言えば、怒りが自分の中にあるからこそ、理性ある人はその怒りをどうすればよいかを考えることもできるのです。

ただ、怒りが常住しているような人は、内側からも自分を怒りで攻撃していることになるのですが、それに気づかず、無意識に怒りにコントロールされやすくもなります。知らず知らずのうちに周囲に迷惑をかけたり、破壊者のようにもなってしまいます」

Ｈさんが静かに口を開きました。

「わたしの怒りは、最近起きた相手に対しての怒りだけではありません。いつも自分の中には怒りがあって、積極的に、過去を遡ってでも、相手が自分を怒らせた原因を探しています。探しては相手に対して怒り、相手への怒りを増幅させているのです。

でも、自分自身では、そのことに全く気づいていないのです。

怒っているのは、相手が自分を怒らせる原因をつくってきたからだと、何の疑いもなく、相手のせいだと思い込んでいます。

そうした思い込みが外れていくようになったのは、自分のからだの痛みによって思い知らされるようになったからです。つまり、自分が怒りを手放さない限り、いつも怒りが自分の中にあり、その怒りが自分を苦しめることになると、やっと気づいたのです」

わたしはこう質問しました。

「Ｈさんのからだの変化とはどのようなものですか？」

「頭が痛くなり、喉が痛くなり、両方が締め付けられるような感じになります。そうなった時は、自然に床に額がつくくらい頭を下げていて、心の中で「ごめんなさい」と謝罪している自分に気づいて驚きます」

「何に対して謝っているのですか？」

「長年、何の疑いもなく、わたしの怒りの原因だと思っていた相手に対して、大変申し訳ないという気持ちが自分の中から溢れ出してきて、ただもう「ごめんなさい」という謝罪の気持ちを、ここにはいない相手に伝えずにはいられなくなり、自然に言葉が出てくるのです」

「そうでしたか」

わたしはHさんに引き続き、この実践に取り組んでほしいと伝えました。

さらなる気づき

それから数日後、わたしはHさんに質問しました。

「今、Hさんはその相手のことをどう思っていますか？」

「今、相手のことを思っても怒りがありません。何もないです。何も出てきません。相手から受ける攻撃的なものが一切ありません」

「今、どんな気持ちですか？」

「わたしに（対して）も一切ありません。以前は、相手と対峙しようとするだけで、わたしも武装して、すぐにでも戦闘態勢に入れるというように、攻撃的な自分になっていましたが、今は、何もないです。普通のいつもと変わらないわたしがいるだけです」

「この数日間、どんなことがありましたか？」

「相手をイメージするだけで、沈黙や呼吸ができなくなり、無理に続けようとすれば、頭や喉が締め付けられて、気づくと自分は「ごめんなさい」と相手に謝っていました。あまりのからだの痛さに、謝り続けていると、ふっとその痛みがなくなる瞬間があるのです。徐々に痛みがなくなっていくのではなく、パッと消えてなくなるのです。

からだの痛みさえなくなれば、なぜ自分は過去の否定的なことにこだわっていたのか、そんなことすら忘れてしまっているかのようです。さっきまでの強烈な痛みをすっかり忘れ、（相手への感情も）ただなくなった、消え去ったという感覚だけがある感じ……」

「今その体験を話していて、どんなことを思いますか？」

「今、「和解」という言葉が思い浮かびました。この体験を通して自分が今、思っていることです」

「今、相手と話している場面をイメージしてください」

しばらくして、わたしはＨさんに質問しました。

「Hさんは、今、どんなことを思っていますか？」

「わたしも相手も何もありません。普通に何もないスッキリした感じで話をしています」

「何もないというのは、否定的なものがないということですか？」

「否定も肯定もないという感じです。それまで相手から感じていた圧がなくなっている感じ……」

「相手から感じていた圧というのは、今、目の前に相手が実際いるわけではないのに、相手を思うだけでHさん自身が感じていた圧なのですね。その圧をさらにわかりやすく表現すると、どういう表現になりますか？」

「対抗心です。相手を攻撃して、どう支配していくかというような圧力です」

「それまで相手を思うだけで感じていた圧がなくなったのは、Hさんの無意識にあった圧もなくなったと感じますが、どうですか？」

「わたしが一番苦手とする相手と意識して対峙することで、ネガティブな感情や思いは、自分で自分を苦しめることになっているということを、今回も自分の頭や喉の痛みを通してわかりました。自分の感覚を通して、その痛みから解放されたい、抜け出たいという私自身の本質が、自然にその状態に近づかせたと感じます。意図的にそうなったのではなく、プロセスを通して経験して……、今、振り返ってみてわかることですが」

わたしはＨさんに伝えました。

「Ｈさんの一連の体験は、西田哲学でいう「自覚」に近いと思います。

おわかりの通り、自己受容や沈黙、呼吸を実践し、体験したとしても、だからといってすぐには目指す状態になれるものではありません。「言うは易し行うは難し」を、実際に嫌というほど経験されていることでしょう」

「その通りです」

「今回の体験は、頭で理解したからといって達成されるものではないことを、からだの痛みを通して感じられたと思います。頭が勝手に動き出したら、今自分は何を思っているのか、今自分はどうしたいと思っているのかということを感覚に問うてみてください。感覚を研ぎ澄ませ、いつもと変わらぬ平穏な気持ちでいるよう努めてください」

「わたしの不誠実さの原因は、相手のせいだと思い込んでいました。もっと言えば、相手のせいで怒りの人生になってしまった自分を、被害者だとさえ思っていました。自分が一番苦手な相手と逃げずに対峙することで、気づけば、互いの強烈な圧が、同時に否定されてなくなったようになっていました。今は、相手のことを思ったりイメージしたりしても、怒りの感情は出てきません」

「何か他に出てくるものはありますか？」

「「和解」という言葉が出てきます。これからは、2人の間に和解がどんどん広がっていくイメージ、が出てきます」

Hさんは笑顔でそう答えました。

Hさんは現在、自分のやりたい仕事を見つけて、実際にその仕事に従事しています。

〈援助のポイント〉

ライフケアコーチングでいう「自覚」とは、頭で考えて理解するものではなく、自分の感覚でわかるようになるものです。援助者の感覚が鈍っていると、クライアントの感覚上の変化に気づけないことにもなるので、そうならないよう心掛けましょう。

〈気づきのヒント〉

本来の自分を見失っているようだと感じられる時は、感覚を研ぎ澄ませてみましょう。毎日呼吸を整える時間を取り、そのことを習慣化し、自分の感覚から発せられる声に耳を傾けてみるのです。

⑾「目から鱗の気づき」

♣事例11―1　突然物事の本質がわかる「目から鱗の気づき」（Sさん　60代　男性）

（基本情報）

Sさんは、30年近く公的な医療機関に勤めている医療従事者です。

初めての対面セッションの時、数年後の定年退職について何度も繰り返し話していたのが印象的です。

また、およそ20年前から精神的疾患に悩まされ、心療内科に通院していました。

ひと月に一回、対面セッションを行っています。

経過

一年ほどが経過した頃、Sさんには一定の「文脈」が存在していることがわかりました。大学生の時に読んだ、実在したある思想家の本が、それまでの自身の考え方を大きく変えるほどの衝撃を与えていました。そしてそこから受けた影響が、Sさんの「存在そのもの」になっていったようでした。

Sさんは、傾倒する思想家の生き方を、無意識に自分の人生に当てはめて話していました。自分の人生を、その思想家の生き方をモデルにして生きていきたいと強く願っていたのです。

Sさんは志半ばにして自ら命を絶ったその思想家の生き方や考え方、全てを尊敬し絶賛していました。大学生の時から、この思想家と自分を無意識に一致させていて、Sさんが考える正義の実現のためには、自分の身体や精神がボロボロになり、家族が崩壊してもなお、彼とその思想に対して忠誠を誓わなければならない、と本気で考えていました。そしてそのことに無自覚でした。

事実、Sさんは大学時代に出会った女性と結婚し、三人の子どもの父親でもありましたが、家庭は15年近く前から破綻していました。離婚はしていませんが、Sさんだけが家族のいる家を出て一人暮らしをしていました。

セッションが始まってすぐ、「それ以来子どもたちには会っていないのだ」と話してくれました。

わたしは、Sさんがネガティブな考え方と自分を一致させる生き方を選ぶのではなく、Sさんが自身や周囲の存在そのものと繋がるにはどうすればよいのかを考えなければなりませんでした。

援助者として

Sさんは、二つの国立大学に通っていました。

一度目は、国立の総合大学を中退。二度目は、単科大学に進んで国家資格を取得し、医療従事者になりました。

知的レベルの高いSさんに向き合うには、援助者の私自身も、その思想家についてある程度理解しておく必要があると思いました。

そこでわたしは、その思想家の本を読んでみることにしました。ただ読むのではなく、できるかぎり私自身も、その思想家の考え方に沿った意見を自然に話すことができるようにと考えながら。

対面セッションでは、Sさんが傾倒している思想家に私自身も共鳴したことを示しながら、Sさんの頑な考え方を少しずつほぐしていく努力をしました。

ふたたび経過

ある対面セッションの時、Sさんの話の中に、以前とは異なる柔軟なものの見方を感じ取った時、わたしはこのタイミングを逃してはならないと覚悟を決めました。

Sさんの存在そのものになってしまっている思想家とSさんの存在を否定しないように配慮しながら、「Sさんイコール思想家」になっている事実を伝えることにしたのです。

その時のSさんの反応は今でも鮮明に覚えています。

わたしが右の指摘をした時、Sさんの顔全体が鉄砲玉を浴びたように変化し、驚愕した声を上げたのです。わたしは暫く静観していました。わたしには、Sさんの内面に何らかの異変が起きているように見えました。

わたしの言葉に異常に反応したSさんは、独り言のような、はっきりと聞き取れない言葉を繰り返し唱え続けていました。

やっと聞き取れたSさんの言葉は、「こんなことがあるのか……」。

Sさんはだんだん平静さを取り戻していきました。

「自分がこの思想家と自分を一致させていたとは驚きだ。しかしその通りだと思います。この年になって、やっと自分の人生が始まるといった気がします」

そしてしばらく間をあけて、

「自分一人ではこのことに一生気づかずに人生を送っていたのだと思うと、ありがたいことだ」

大きな変化

その後、Ｓさんには大きな変化が訪れていました。

「数年ぶりに電話で子どもと話をしました。「今度家族みんなで食事をしよう」と提案しました」

次にＳさんと会った時、「家族全員で食事をして家族旅行の計画も立てた」と嬉しそうに話してくれました。

また、長年かかっていた精神科の医師に、薬を減らしてもらうことを申し出たようです。慢性的に感じていた肩の重み（重み）も消えたと伝えてくれています。

〈**援助のポイント**〉

強烈な思い込みが信念となり、その信念のために人生までもが厭世的な方向に変わってしまったクライアントにそのことを気づいてもらうには、慎重に丁寧に、注意深く、共通に話ができる素材を見つけ出すことが必要です。

〈気づきのヒント〉

強烈な信念・思い込みがあることは、なかなか自分では気づけないものです。「××が絶対に正しい」といった価値観をいったん脇において、その他の考え方もあることに意識を向けると楽になる場合があります。

♣事例11―2　突然物事の本質がわかる「目から鱗の気づき」（Eさん　20代　女性）

（基本情報）

Eさんは地元の大学を卒業して東京の企業に就職しています。就職してまもなく心身ともに病んでしまい、産業医から地元に戻って休養することを勧められました。

家から一歩も外に出ないEさんを心配した母親が、Eさんの大学時代の友人に相談し、その友人がわたしに連絡をくれました。

初回電話セッション

まるで腫物に触るかのような始まりでした。

予めEさんの体調や環境などのことを伺い、周到に準備をして、やっとのことでわたしはEさんと電話で話をすることができました。

電話でのEさんは、落ち着いて話そうとはしているようでしたが、何かに怯えている感じがしました。わたしはEさんが自分をどうみているのか確認するため、こう質問しました。

「何に怯えているのですか？」

Eさんは、この質問には答えず、逆に、わたしが何者でなぜEさんと関わろうと思ったのかを執拗に聞いてきました。

その時わたしが感じとったのは、「疑い」と「怖れ」でした。

Eさんは次のように話を続けます。

「どこの誰かも知らない人に、なぜ自分の心の内を素直に打ち明けなければならないのか。そもそもなぜわたしに関わってくるのか。今は自分のことを心配してくれる家族の言葉も、自分のことも自分でわからなくなっている。何を信じていいのかもわからなくなっている……」

わたしはこう答えました。

「わたしは確かにあなた（Eさん）のことを知りません。もっと言えば、あなたにどうなってほしいなどとは言えないし、あなたがどうなりたいのかも今のわたしには関係がないことなのかもしれません。

ただ、あなたとわたしの共通の友人が、わたしに「あなたのことをこのまま放っておけないので、力を貸してほしい」と必死になって訴えてきたのです。

わたしは、目の前にいて困っている友人の役に立ちたいと思ったのです。

わたしはわたしの友人を、わたしの友人はあなたを、互いがそれぞれの友人を助けたいと思った。あなたの友人は自分のことを忘れて、一生懸命にあなたのことを助けたいと訴えてきた。その気持ちをわたしは受け取って動いているのです」

しばらく沈黙が続いた後、Eさんがふたたび口を開きました。

「わたしは会社の人たちにも家族にも信じてもらっていないと感じます。わたしも誰も信じられないと思っています。……

わたしは会社の産業医から大量の薬を服用するよう渡され、自宅に戻ってきましたが、自分では、わたしは病気ではないと思っています。でも、わたしの周りの人は全員わたしのことを病気だといいます。わたしは、自分は病気ではないと思っているので薬は飲んでいません」

Eさんが穏やかに自分について話していることを感じ取ったので、こう伝えました。

「一つ質問をさせてください。医師から診断を受け、なかば強制的に自宅での休養を余儀なくされ、会社の方や家族の方たちに「あなたは病気なのです」と言われ続けても、ご自分のことを病気だとは思わず、薬を飲もうと思わなかったのはなぜですか？」

「わたしは大学で心理学を学びました。大学で最後まで関わってくれた心理学専攻のゼミの教授が言われた、「精神や心が病んだ時、薬で治そうとする人がいるが、もともと正常な人は、（まわりからは）精神や心が病んだ（ように見える）としても、薬を服用せずに、自分の意志の力で克服していける」という言葉が、わたしの支えになっているからです」

わたしは、感じたことをそのまま伝えました。

「わたしは今の話をうかがって、Eさんは病気ではないと思います。

わたしは医師ではありませんから、Eさんを診断することはできません。

でもEさんが、ご自分について「自分は病気ではない」とはっきりと話してくれた、魂の叫びを受け取りました。

わたしはEさんのことを信じます。

Eさんは病気ではないと思います。Eさん、あなたは病気ではありません」

しばらく沈黙が続きました。

Eさんからは何の言葉もありませんでしたが、涙を流しているように感じられました。

わたしは言葉にならないEさんの気持ちを思いました。誰にも自分の気持ちを理解されなかったEさんの孤独な時間を想像しました。最もわかりあいたい家族とともに過していても、Eさんの心は閉じることでしか自分を守れなかったのです。

電話相談はここで終了し、次に会って話をする約束をしました。

Eさんは、「自宅に戻ってから一歩も外に出かけていないので、約束をしてもわたしに会いに行く自信がない」と正直に話してくれました。

「待ち合わせの15分ぐらい前から待っていますね。二時間以上は待つ覚悟で行きますから…」

初回対面セッション

対面セッション当日、Eさんは待ち合わせの五分前に現われました。Eさんの第一印象は、若くてお洒落な女性だというものでした。

どこから見ても若い素敵な女性であるとしか見えませんでした。

精神や心が病んで、からだも重たそうであるとか、顔が強張って表情がしんどそうであるとか、終始ため息をついているとか、呼吸が荒いとか、挙動不審で落ち着きがない、などということは一切ありません。

わたしの目には、若い、普通の一人の女性であるとしか映りません。

ただ、話し出すと、「わたしが病気ではないと思ってくれますね」という言葉を何度も何度も繰り返すのです。

Eさんが、初対面のわたしに対する緊張感が解けていき、リラックスしていると感じられるようになった時、わたしは改めてこう伝えました。

「わたしには、見た目も、話をして、いろんな質問に応えてもらっても、Eさんが病気だとはまったく思えません、いたって普通の20代の女性だと思います」

Eさんは、パッと明るい表情になりました。

「わたしは病気ではありません。

病気ではないわたしを周りが病気だといい、誰もわたしの言うことを信じてくれない場合は、どうすればいいのですか？」

「Eさんの周りの方々に、わたしが対人援助の専門家だという情報をお伝えして頂いて、わたしがEさんのその気持ちを代弁することは可能ですが、今日お会いしてみて、わたしは、わたしがそうしなくても、Eさんが自分の言葉と自分の意志で周りを説得することができるような気がします。

それでもわたしの力を借りたいと思うのなら、わたしは喜んで力になりますよ」

Eさんは気負うことなく、自然体でこう答えました。

「もう大丈夫です。わたしは病気ではないのですから、自分で伝えていきます」

Eさんは自分が病気ではないことを意識の奥深いところで確信し、自分の意志の力に気づいたようでした。

Eさんとはひと月に一度電話でセッションを続けていくことを決め、対面セッションは終了しました。

経過1

電話セッションを再開した時、前回とは異なって高揚した感じがうかがえました。わたしはこのひと月の間にEさんの身に何が起きたのだろうかと思いました。

「このひと月の間はどうしていましたか？」

「北村さんと会って、わたしは病気ではないと確信して、すぐに行動しました。まず家族に自分は病気ではないということをわかってもらいました。次に会社の上司と産業医に「自分は病気ではないのに強制的に休暇を取らされるのは納得がいかない」「とにかくすぐにでも仕事ができる状態にあるので職場に復帰したい」旨を伝えました。すぐにはわたしの意向をくみ取ってはもらえませんでしたが、今は東京に戻っているんです」

Ｅさんは、数週間という早さで仕事に完全復帰していました。
電話セッションはその後も継続しました。

経過２

それから数週間後のセッション時、Ｅさんは、思いもよらない出来事が起きたと話してくれました。

大学時代に知り合った男性の友人から突然連絡があり、懐かしさを感じつつ会いに行ったところ、相手から真剣な交際を申し込まれたとのこと。Ｅさんは大変驚き、一体自分に何が起きているのかよく理解できなかったそうです。

Ｅさんは「どうすればよいか迷っている」と打ち明けました。

わたしはこう伝えました。

「あなたは自分の意志で、病気ではないと確信して行動しました。そして、社会復帰されました。この貴重な体験を思い出しつつ、自分の意識の深いところに、どうすればよいか尋ねてみてはどうでしょう？　きっと前回のような気づきがあるはずです」

それからほどなくして、Ｅさんは相手の誠実さに魅かれ、交際が始まりました。数か月ほどが経過したとき急に相手が海外赴任にすることになり、急遽プロポーズを受けて結婚されました。

今は子どもにも恵まれ、異国の地で幸せに過ごしています。

〈**援助のポイント**〉

初めて会ったクライアントが自分のことを語る時の態度や表情などをよく観察すると、クライアントが話す言葉が真実かそうでないか見極めることにつながります。自分の感性も磨いておくことが大切です。

〈**気づきのヒント**〉

周囲の声に流されずに自分の意志を信じて行動すると、突然いろいろなことが見え始め、事態が好転してくることがあります。このケースでは、Eさんは、自分と上手に向き合うことで、家族や上司、医師の考えを変えることにも成功しています。

⑿「自問他答」

♣事例12　無意識領域からの答えを待つ自問他答（Cさん　40代　女性）

（基本情報）

　Cさんは、家族の問題で悩んでいました。そのことを心配したCさんの友人から紹介され、わたしはCさんと会うことになりました。

糸口を探る

　Cさんの第一印象は、「混沌」でした。

　彼女が楽になるには、どこから始めればいいのだろうか――。わたしは話を聞く前から悩みました。Cさんの全身（から発せられる雰囲気）に、得体の知れない混沌とした何かが幾重にも複雑に絡まっているのが感じられたからです。

　わたしはこう質問しました。

「何が今、あなたをそんなにも苦しめているのですか？」

Cさんはすぐには答えてくれませんでした。

わたしが一体どんな人間なのかを見定めているように見えました。

わたしは、Cさんが何か言葉を発するまで、静かな気持ちで彼女の目を見ていました。視線に気づかれ、互いの目と目がしばらく合いました。どれくらいの時間が過ぎたのかは定かでありません。

Cさんはわたしから目をそらせて、話し始めました。

「「何が今苦しいのか」と聞かれても、あまりにも自分が抱えている問題が多くて、よくわかりません」

この言葉をきっかけに、本格的な対面セッションが始まりました。

話を丁寧に受け止める

Cさんから彼女の背景を伺って、第一印象で感じた混沌の原因を知ることになりました。複雑な家庭環境で育ったことで人一倍忍耐強く、努力家であることは理解できましたが、霊感のようなものを不用意に話されるのが気になりました。

Cさんは霊感を何の疑いもなく信じていました。

わたしは霊感そのものを否定しているわけではありません。ただ、Cさんが話す言葉の一つひとつや話の全体が、霊感に引っ張られ過ぎていることが危惧されました。

Ｃさんの拠り所や判断基準のすべてがそういった霊感に由来していることにＣさん自身が気づかない限り、状況は変わらないのではないかと思われました。

そこでわたしは、Ｃさんが、理性や知性を使って客観的に自分を省みながら、かつ、信じている霊感を上手に取り入れていくにはどうすればよいのかを考えることにしました。

Ｃさんに、「自身の考え方やものの見方を変えると、色んな意味で楽になり、自由になる」ということを理解してもらうには、時間をかけて、Ｃさんとの信頼関係を築く努力をしていくことが必要でした。

対面セッションは、Ｃさんが希望してくれる限り、どんなに長い月日がかかっても、徹底して聞くという覚悟で関わっていくことにしました。Ｃさんが助言を求めてこない限り、わたしはひたすら話を一つひとつ丁寧に受け止めて聞くことに集中しました。

経過と変化

対面セッションを始めて数か月が経過した頃、Ｃさんに変化が現れてきました。

それまでは、Ｃさんの絶対的な判断基準になっている霊感に基づいた話が全体の９割を占めていました。それが５割になり、残りはわたしへの質問へと変わってきました。

やっと、わたしとCさんとの対話が始まりました。

とはいえ、対話の中身はことごとくCさんの絶対的基準によって判断されました。それでも、Cさんは明らかにわたしの話を聞こうとしている、または何かを学ぼうとしていることが伝わってきました。

わたしはCさんに、自分で考え続けることの意味や、「自問他答」という考え方があることを伝えていきました。

Cさんは、「自問自答」について、自分が立てた問いを、自分の絶対的な判断基準である「霊感」が答えを導き出すものだと無意識に理解していました。

変化と気づき

Cさんに自問他答の考え方を伝えてから、長い年月が経ちました。

この間Cさんは、自問他答のトレーニングを実際に試みてくれました。「他からの答え」を頭で理解して「わかる」ことと、実際に体験を通して「わかる」こととの間の違いを知るには、長い年月を必要としたのです。

Cさんは、その過程で、自分が変化していることに気づき始めていました。

それまでのCさんには、実際には何も起きてもいないのに、いつも心の何処かで何かに

「怯えている」感覚があったのですが、その感覚は消えてなくなっていました。

そのほか、現実にも、Cさんを取り巻く環境や状況は、少しずつですがよい方へと変わっていきました。

長年Cさんが抱えていた家族の問題は、解決へ向けて動いています。その覚悟を決めたのは、他ならぬCさんでした。Cさんは、「怯えている」感覚を手放してから、自分に自信を持ち始めていました。

この自信は、何かを達成したとか、社会的に認められたとか、そういうことではなく、自分が自分の存在を認め自分を大切に思っていること、また、自分の生命を尊いと感じていることからくる自然発生的なものでした。この頃のCさんは、よく「わたしは「永遠の今」を生きているのを感じます」と話してくれました。

現在、Cさんは、「怯える」ことなく、どんな状況でも、自分の内にある「永遠の今」の感覚を拠り所に、向上心を持って前に進んでいます。最近のCさんの口癖は、「諦めない」と「感謝」です。

そのほか、Cさんの次のような際立った変化が見て取れるようになりました。

・顔が明るく元気に見えるようになり、姿勢がよくなった。
・言葉を選ぶようになり、不平不満を口にしなくなった。謙虚になった。
・声がお腹から出るようになった。
・依存心がなくなってきた。主体性が出てきた。
・感情の起伏が和らいできた。自分のネガティブな思考や感情に気づいたらそこに留まらず、意識を自分が嬉しくなることに向けるようになった。
・物事を決める時には、十分な時間を取って理性的に考え、答えがやってくるのを待つという態度で慎重になった。
・(その一方で)思うだけで、なかなか行動に移すことができなかったことが以前より軽快に行動できるようになった。
・素敵な未来について、活き活きと語るようになった。

Cさんは、わたしと出会った頃は専業主婦でしたが、途中でアルバイトを始め、今は正社員になっています。

諦めないCさんは、自分の経験を活かして、人が元気になるサポートをしていきたいという新しい目的に向かって、焦ることなくマイペースで進んでいっています。

〈**援助のポイント**〉

クライアントとの信頼関係を構築するには、自分の内面の声を黙らせ、徹底してクライアントの話を聞くことが大切です（傾聴）。この段階の介入は望ましくありません。求めてこない限り、こちらの意見なども伝えないように。

〈**気づきのヒント**〉

外側から得体の知れない「恐怖」を感じる時、自分の内面の「恐怖（怯え）」に気づいて解放しない限り、自分から離れてはくれません。「自問他答」をしてみて、他からの答えを待ってみることも有効です。

おわりに

「9歳の問い」の答えを探し求めて半世紀が過ぎようとしています。

誰にも打ち明けられない「9歳の問い」の答えを探し求めてきた長いプロセスが、このたび、一冊の本になりました。

*

この本は、哲学者の池田善昭先生との出会いがなければ、誕生していないでしょう。「おわりに」の最初に、長年にわたってご指導くださった池田善昭先生に、心よりお礼を申し上げます。

池田先生とは、立命館大学の「哲学概論」の講義で出会いました。

先生の「哲学概論」は、「概論」と銘打っているのに大変難しく、哲学の素養がない学生は全くついていけないものでした。

ただ、講義中、当の池田先生は、板書をしながら急に笑い出されるなど、楽しそうに哲学を語っておられるのです。授業についていくのに必死だったわたしですが、「哲学はきっと笑えるくらい楽しく自分を豊かにしてくれるものに違いない」、「わたしも笑えるぐらい哲学について知りたい、わかりたい」と心から思ったものでした。

先生からは大学、大学院で西田哲学の講義を受け、学びました。大学院修了後もお声をかけて頂き、現在も先生が主宰される研究会に参加させて頂いています。

「哲学概論」で池田先生が学生に向けて語っておられた言葉が、わたしの今の仕事に繋がっていると感じています。池田先生はある時、黒板の一番上の方を指示棒でコンコンと指しながら、こうおっしゃったのです。

「真理を知った者は、(その高みから) 降りていって真理を知らない者に伝えていかなくてはなりません。真理を自分だけのものとして、自分だけが助かればよいという考えをしていてはダメなのです」

このことを肝に銘じて、微力ながら実践していきたいと考え続け、今に至っています。

「9歳の問い」の答えを探し求める旅は、いつしか自分の人生そのものになっていきました。「「9歳の問い」の答えを探し求める旅」は、言い換えると、「「わたしという存在の謎」を解く旅」でもありました。

＊

この本で最もお伝えしたかったことは、「わたしという存在の謎」を解くには、自分という存在は、自分が今知っている自分だけから成り立っているのではないことに気づくことが大切だ、ということです。自分が知らない自分に気づくことで、人生が大きく変わってきます。

自分が知っている自分とは、言語体系の世界、つまり言葉で認識できる世界の中にいる自分とも言えます。一方、「自分が知らない自分」とは、言語以前の、身体や感覚、直観で感じることのできる自分です。

長年の実践を通じて、自分を変えたいと思っている人が自分を変えていくには、「自分が知らない自分」に気づくことが欠かせないと確信しています。そのことが自分も周りも、よい方向に変えていくことにもなります。ぜひ、この本で紹介した12の思考法を実践してみてくだされば幸いです。

＊

出版にあたっては、明石書店の編集者、柴村登治さんに大変お世話になりました。二〇一六年の出会いから、二年という月日が過ぎましたが、この間、ライフケアコーチングの勉強会や役員向けの企業研修会にも参加され、わたしの実践を直に体験もしてくださり、ありがたく思っております。文章作法や西田哲学についても数々の有益なアドバイスをいただきました。お力添えに心から感謝申し上げます。

＊

「9歳の問い」の答えを探し求める旅は、まだ続いています。旅の途中での新たな発見や気づきは、これからも書き留めていきたいと思います。

＊

最後に……。

自分一人では解決できない問題に直面した時、「わたしという存在」は自分が知っている自分だけではないということを、どうか思い出してください。自分が知らない自分があることに気づいた人は誰にでも、新しい道が開ける可能性が秘められています。

二〇一八年十二月吉日

北村妃呂惠

【著者紹介】
北村 妃呂恵（きたむら ひろえ）
ライフケアコーチング考案者。1960年京都生まれ。立命館大学文学部哲学科教育人間学専攻卒業。立命館大学大学院応用人間科学研究科応用人間科学専攻修士課程修了（人間科学修士）。2009年米国CTIコーアクティブ・コーチングのプロコーチ資格（CPCC）取得時から、個人向けのライフケアコーチの仕事を始める。2013年から京都でライフケアコーチング勉強会を開始。2017年東京勉強会を開始。現在（株）トランセンド取締役。共著に池田善昭編著『近代主観主義の超克』（晃洋書房、2014年）。

ＡＩ時代を生きる哲学
ライフケアコーチング　未知なる自分に気づく12の思考法

二〇一八年十二月二十二日　初版第一刷発行

著　者——北村妃呂恵
発行者——大江道雅
発行所——株式会社 明石書店
〒一〇一-〇〇二一　東京都千代田区外神田六-九-五
電　話　〇三-五八一八-一一七一
ＦＡＸ　〇三-五八一八-一一七四
振　替　〇〇一〇〇-七-二四五〇五
http://www.akashi.co.jp
装幀——明石書店デザイン室
印刷——モリモト印刷株式会社
製本——モリモト印刷株式会社

（定価はカバーに表示してあります）
ISBN 978-4-7503-4731-8